CARNET DE CAMPAGNE

DU

Lᵀ-COLONEL LENTONNET

PARIS. TYP. DE E. PLON, NOURRIT ET Cie, RUE GARANCIÈRE, 8. — 2492.

EXPÉDITION DE MADAGASCAR

CARNET DE CAMPAGNE

DU

L. COLONEL LENTONNET

PUBLIÉ PAR H. GALLI

Ouvrage orné de gravures d'après des photographies

ET D'UNE CARTE ITINÉRAIRE

PARIS

LIBRAIRIE PLON

E. PLON, NOURRIT et Cie, IMPRIMEURS-ÉDITEURS

RUE GARANCIÈRE, 10

1897

Tous droits réservés

LE LIEUTENANT-COLONEL LENTONNET

EXPÉDITION DE MADAGASCAR

CARNET DE CAMPAGNE

DU

Lt-COLONEL LENTONNET

PUBLIÉ PAR H. GALLI

Ouvrage orné de gravures d'après des photographies.

PARIS

LIBRAIRIE PLON

E. PLON, NOURRIT et Cie, IMPRIMEURS-ÉDITEURS

RUE GARANCIÈRE, 10

1897

Tous droits réservés

PRÉFACE

La France revendiquait depuis plus de deux siècles ses droits de premier occupant sur Madagascar vis-à-vis de l'Europe, droits incontestés, lorsqu'en 1883, à la suite d'offenses et de méfaits dont plusieurs de nos nationaux avaient été victimes sur quelques points de la côte et à l'intérieur de l'île, une expédition fut organisée, sous les ordres de l'amiral Pierre, pour châtier les Hovas. Des troupes de débarquement prirent possession de Tamatave, de Majunga et de Diego-Suarez; mais cette expédition, coïncidant avec celle du Tonkin, fut menée sans vigueur par le gouvernement d'alors, craignant d'irriter l'opinion fatiguée des sacrifices que la politique coloniale imposait à la France.

Après deux ans d'escarmouches, une paix boiteuse avait été conclue à la fin de 1885. En vertu d'un traité que signa le vice-amiral Miot, le gouvernement hova concéda à la France Diego-Suarez et accepta le protectorat de notre pays. Un résident français s'installa en 1886 à Tananarive avec une faible escorte d'infanterie de marine; mais il se heurta presque aussitôt au mauvais vouloir des ministres de la reine Ranavalo. Des conflits éclatèrent. Les Hovas ne tenaient aucun de leurs engagements : non seulement ils ne favorisaient pas le développement de l'influence française, mais ils la combattaient. De trop longs atermoiements aggravèrent cette situation devenue peu à peu si difficile et intolérable que nos ministres durent adresser de sérieuses remontrances à Tananarive. Les conseillers ordinaires de la reine n'en tinrent aucun compte. Ils étaient persuadés que la France n'oserait pas agir.

Mais, en 1894, les attentats commis contre plusieurs de nos nationaux décidèrent enfin le gouvernement de la République à intervenir. Après une dernière et vaine tentative de conciliation (1), les Chambres, sur la demande de M. Hanotaux, ministre des affaires étrangères, votèrent les crédits nécessaires à l'organisation d'une expédition destinée à mettre à la raison le gouvernement hova.

Le général Duchesne, aujourd'hui chef du 5ᵉ corps d'armée, fut appelé à prendre le commandement des troupes expéditionnaires, ainsi composées :

(1) Mission de M. Le Myre de Vilers.

PREMIÈRE BRIGADE

Général Metzinger.

40ᵉ bataillon de chasseurs à pied : commandant Massiet du Biest.

200ᵉ régiment de ligne : colonel Gilloñ. Régiment d'Algérie (un bataillon de la légion étrangère ; deux bataillons de tirailleurs algériens) : colonel Oudri.

DEUXIÈME BRIGADE

Général Voyron.

13ᵉ régiment d'infanterie de marine : colonel Bouguié.

Régiment colonial (un bataillon de volontaires de la Réunion, un bataillon de Haoussas, un bataillon de Malgaches) : colonel de Lorme.

Artillerie : batteries du 38ᵉ régiment et batteries d'artillerie de marine : colonel de Laval.

Génie : colonel Marmier.

Un escadron de chasseurs d'Afrique : capitaine Aubier.

Un escadron du train des équipages : commandant Deyme.

Services administratifs : intendant Thoumazou.

Service sanitaire : médecin principal Eymery-Debrousses.

Service des étapes : colonel Bailloud.

Le corps expéditionnaire débarqua en mai 1895 à Majunga, à la fin de la saison des pluies, et les opérations actives commencèrent. La première brigade marcha sur Tananarive ; la seconde la rejoignit après l'occupation de Suberbieville.

Mais notre intention n'est pas de narrer ici l'expédition de Madagascar (1). Nous publions un document historique, d'une rigoureuse exactitude, marquant et racontant les étapes parcourues de mai à octobre 1895, de Majunga à Tananarive, par la petite armée du général Duchesne. A ce récit d'un témoin oculaire, uniquement soucieux de vérité, nous avons joint la carte officielle de l'itinéraire suivi par nos troupes, bivouac par bivouac, et un certain nombre de photographies, autres documents non moins précieux, mettant sous les yeux de tous quelques-uns des principaux incidents de l'expédition et exposant aussi dans ses détails la vie du troupier pendant cette pénible campagne.

Nous signalons tout particulièrement deux photographies instantanées fort intéressantes, car elles sont, croyons-nous, des premières, sinon les premières du genre : elles reproduisent deux incidents du combat de Marovoay. Ces instantanés ont été pris, pendant

(1) Voir *la Guerre à Madagascar,* par H. GALLI. Deux volumes illustrés.

l'action même, par M. Tinayre, l'artiste distingué, correspondant du *Monde illustré*.

La photographie ainsi pratiquée rendra de précieux, d'inestimables services aux historiens de l'avenir, puisqu'ils n'auront plus à choisir entre différents récits, souvent contradictoires, et que les faits seront racontés par l'image photographiée, qui ne ment pas.

Les carnets de campagne du colonel Lentonnet nous font suivre le 2ᵉ bataillon du régiment d'Algérie, lequel fut toujours à l'avant-garde. Le bataillon prit part à tous les combats de la campagne, de Marovoay à Tananarive, ainsi que pendant l'insurrection ; et il fut le héros du plus brillant, du plus glorieux de ces combats, celui de Tsarasaotra.

Ces carnets, enfin, nous disent quelles souffrances, quelles privations, quelles fatigues ont supportées nos troupes décimées par la fièvre ; ils seront utilement consultés par les représentants du pays au Parlement et par les spécialistes qui étudient actuellement l'organisation d'une armée coloniale, solide et résistante, entraînée, acclimatée, aujourd'hui absolument nécessaire à la France, non pour étendre un domaine peut-être déjà trop vaste, mais pour le protéger et le conserver.

H. GALLI.

LE Lᵀ-COLONEL LENTONNET

Le lieutenant-colonel Lentonnet, dont nous publions les notes prises au jour le jour pendant la dernière campagne de Madagascar, mort, au retour, de fièvre et d'épuisement, à bord du *Djemnah*, commandait, au départ du corps expéditionnaire, le deuxième bataillon du régiment d'Algérie. Agé de plus de cinquante-quatre ans, presque à la veille de la retraite, il aurait eu bien le droit de laisser la place à de plus jeunes, ayant lui-même et très largement payé sa dette à la patrie; mais le général Hervé, commandant le 19ᵉ corps, désigna ce vaillant soldat, alors chef de bataillon au 1ᵉʳ tirailleurs algériens, comme l'un des meilleurs officiers de guerre, comme l'un des plus aptes, et par son énergie et par son expérience, à servir utilement la France à Madagascar. Fier de cette désignation particulièrement honorable, Lentonnet en garda une profonde reconnaissance au général Hervé.

Dans la joie qu'il en éprouva, l'ambition ne pouvait cependant entrer pour beaucoup; l'état-major du régiment d'Algérie était formé d'officiers distingués, la plupart appelés à un brillant avenir, et le chef de bataillon Lentonnet n'avait aucun espoir d'atteindre aux échelons les plus élevés de la hiérarchie; mais, homme de devoir, soldat dans l'âme, il considérait comme un bonheur inespéré de faire encore une campagne de guerre avant la retraite.

Ses beaux états de service lui avaient valu, d'ailleurs, une légitime notoriété dans l'armée d'Afrique, à laquelle il n'avait cessé d'appartenir pendant de longues années. Les anciens du 3e et du 4e zouaves, ceux du 1er tirailleurs, n'ont pas oublié le brave « père » Lentonnet, type d'officier d'autrefois, de troupier fini, essentiellement français d'allure et de caractère, type qui tend à disparaître — et c'est grand dommage !

Ancien soldat de deuxième classe, ayant porté le sac, fier de l'uniforme, robuste, bien campé, l'air dur à cuire, grosse moustache hérissée, le regard clair, droit, d'une apparente sévérité, mais bon et pitoyable, le képi ou le bonnet de police sur l'oreille, crâne et martial, à la fois bourru et plein de sollicitude, toujours soucieux de sa responsabilité, il inspirait à ses hommes une confiance absolue.

Le lieutenant-colonel Lentonnet était le fils d'un ancien soldat. Né à Paris, dans le quartier du Temple, où il comptait beaucoup d'amis, dans un milieu de rudes travailleurs (1), il reçut comme ses frères, dont l'un est contremaître dans une usine du onzième arrondissement, une instruction des plus élémentaires. Sa famille, en 1852, le fit incorporer, à l'âge de onze ans et demi, comme enfant de troupe au 3e de ligne. Six ans plus tard, il signait au régiment un engagement de sept ans. Le 1er avril 1859, le 3e de ligne s'embarquait pour l'Afrique, et, en juin, rejoignait la division de l'Adriatique devant Venise, au lendemain de Solferino. La paix signée à Villafranca, le régiment retourna en Algérie, où il guerroya jusqu'en 1864. La vie du soldat dans notre colonie était encore

---

(1) Une pétition a été adressée au Conseil municipal de Paris par plusieurs centaines d'habitants du troisième arrondissement, tendant à ce que le nom du lieutenant-colonel soit donné à une rue de la capitale.

des plus pénibles, à cette époque, et bien différente de la vie de garnison.

Lentonnet, caporal depuis décembre 1859, fit campagne au Maroc et dans la province d'Oran. Sergent en 1861, sergent-major en 1864, il fut promu sous-lieutenant au 13ᵉ de ligne, après un avancement lent, le 28 janvier 1870. A la déclaration de guerre, il est nommé porte-drapeau et suit son régiment à l'armée de Metz, 4ᵉ corps, général de Ladmirault. Il assiste aux grandes batailles livrées, du 14 au 18 août, à Borny, à Rezonville et à Saint-Privat.

« A Borny, dit un historique de la bataille, le 13ᵉ de ligne excite l'admiration par son attitude impassible. Un éclat d'obus mutile l'aigle du régiment et renverse le porte-drapeau Lentonnet : ce brave officier, bien que contusionné, se relève et refuse d'abandonner son poste. »

Le 16 et le 18 août, le 13ᵉ de ligne est encore engagé. Le 18, à six heures du soir, près d'Amanvilliers, le sous-lieutenant Lentonnet tombe frappé d'un coup de feu à l'avant-bras gauche ; il ne consent pas à se rendre à l'ambulance ; à huit heures, une seconde balle l'atteint à la jambe gauche.

Il fut cité à l'ordre du jour de l'armée, et promu lieutenant quelques jours plus tard, le 24 août. A peine convalescent, Lentonnet partagea, en octobre, le triste sort de ses camarades après la capitulation de Metz, et, moins heureux que d'autres qui réussirent à s'échapper, il demeura prisonnier de guerre en Allemagne du 29 octobre 1870 au 31 mars 1871.

Dès son retour en France, il fut versé à l'armée de Versailles ; mais tout le rappelait vers l'Algérie, où les Arabes révoltés faisaient de nouveau parler la poudre, et il passa, sur sa demande, au 4ᵉ zouaves.

Citons désormais purement et simplement ses états de service :

Lieutenant au 113ᵉ d'infanterie le 6 mai 1871, au 4ᵉ zouaves en 1872; capitaine en 1874; major au 3ᵉ zouaves le 27 octobre 1888; chef de bataillon au 1ᵉʳ régiment de tirailleurs le 9 avril 1892.

Le capitaine Lentonnet a pris part, avec le 4ᵉ zouaves, à la répression des divers mouvements insurrectionnels en Algérie depuis 1872 et à la campagne de Tunisie en 1881. Il était chevalier de la Légion d'honneur depuis 1876. Trois ans après sa promotion au grade de major, l'ancien enfant de troupe, qui avait fait son chemin, fut promu officier de l'ordre.

Et maintenant que nous avons présenté le chef du deuxième bataillon du régiment d'Algérie, le vainqueur du combat le plus glorieux livré pendant la campagne de Madagascar (1), laissons la parole à ce brave soldat, à ce brave homme, dont les notes de campagne, toutes simples et toutes franches, forment un récit très complet et très vivant de l'expédition.

Le journal du colonel Lentonnet, heureusement exempt de toute prétention littéraire, a de la vivacité, de la couleur, du pittoresque. A l'officier sorti du rang, enfant de Paris, l'esprit ni la verve ne faisaient défaut; mais il avait horreur de la faconde et des vantardises. Au reste, son journal n'était pas destiné au public, c'était une sorte de *memento* qu'il écrivait pour lui-même et surtout, on s'en aperçoit vite, pour se donner l'illusion d'une communication constante avec les siens. Il y parlait avec une bonne humeur alerte, une familiarité cordiale et sans apprêt. Il ne pensait pas à des lecteurs. Il y est resté lui-même, racontant ce qu'il voyait — or, il a tout vu et bien vu — avec une exactitude et une sincérité non pas affectée ni inquiète, mais naturelle ; et s'il n'a rien dissimulé, il s'est bien gardé aussi de rien exagérer. Il laisse l'impression d'un observateur sagace, de parfait bon sens, d'esprit droit et de cœur loyal. Formulée par lui, la louange ou la critique n'en

____

(1) Combat de Tsarasaotra, en avant de Suberbieville.

prend que plus de valeur, et son témoignage aura, dans l'histoire de cette expédition, l'autorité d'une parole non préparée, et consacrée par la mort.

Nous avons eu entre les mains ses carnets mêmes, minces agendas usés dans la poche du dolman, où, chaque soir, à bord ou au bivouac, il notait les faits de la journée; hors ce qui eût paru trop intime, nous n'en avons rien effacé, et nous nous sommes borné à transcrire, sans y rien ajouter que les éclaircissements indispensables, les lignes crayonnées hâtivement, en pleine guerre, par le soldat qui ne devait pas revenir.

VUE GÉNÉRALE DE MAJUNGA

RADE DE MAJUNGA

CARNET DE CAMPAGNE

DU

Lt-COLONEL LENTONNET

CHAPITRE PREMIER

D'ORLÉANSVILLE A MAJUNGA.

Formation du régiment d'Algérie. — Préparatifs de départ. — Embarquement à Alger. — Le *Cachemire*. — La vie à bord. — Port-Saïd. — Le canal de Suez. — La mer Rouge. — Périm. — Incidents de traversée. — En vue de Majunga.

4 janvier 1895. — Le régiment d'Algérie qui doit être attaché au corps expéditionnaire de Madagascar formera trois bataillons sous les ordres du colonel Oudri :

1er bataillon, tiré de la légion étrangère ; 2e bataillon : deux compagnies du 1er tirailleurs, deux compagnies du 2e tirailleurs ; 3e bataillon : quatre compagnies du 3e tirailleurs.

Le premier de ces bataillons a pour chef le commandant Barre ; le troisième, le commandant Debrou. Je prendrai le commandement du 2ᵉ.

Voici quels sont mes futurs compagnons d'expédition :

Mahéas, capitaine adjudant-major ; lieutenant Theil, officier payeur ; lieutenant Brémont, officier d'approvisionnement ;

5ᵉ compagnie : capitaine Pradal ; lieutenants Bordeaux et Grass ;

6ᵉ compagnie : capitaine Castel ; lieutenants Prudhomme et Augey-Dufresse ;

7ᵉ compagnie : capitaine Pillot ; lieutenants Blondel et de Bigault de Granrut ;

8ᵉ compagnie : capitaine Girault ; lieutenant Cholet ; sous-lieutenant Zaigne.

Chaque compagnie compte un lieutenant et un sous-lieutenant indigène.

Le médecin-major du bataillon est M. Béchard.

Les officiers ont déjà presque tous fait campagne. Ils sont dans la force de l'âge. Le capitaine adjudant-major Mahéas et le capitaine Castel, entrés au service en 1873, ont expéditionné en Algérie ; de même le capitaine Pillot, sorti de Saint-Cyr en 1878 ; de même le capitaine Pradal. Le capitaine Girault est un soldat de 1870 ; plusieurs lieutenants, un certain nombre de sous-officiers et soldats ont combattu au Tonkin.

18 janvier. — Par décision ministérielle du 15, il est décidé que le bureau spécial de comptabilité du régiment d'Algérie destiné à Madagascar sera fourni par la portion centrale du 3e tirailleurs.

Le drapeau et la nouba marcheront avec le 2e bataillon, c'est-à-dire avec le mien.

Les hommes seront pourvus à leur départ de tous les effets d'habillement, d'équipement, de chaussure et de campement, faisant partie de ce que doit emporter un tirailleur, appelé en Europe en cas de mobilisation.

Mes bagages se composeront de deux caisses réglementaires ; une cantine à vivres par groupe de cinq officiers.

En marche, les officiers supérieurs auront seuls droit à une tente par officier.

Complément du mobilier nécessaire : paletots en toile cachou, espadrilles, moustiquaire, bande de toile chinée, casque colonial.

7 mars. — Télégramme adressé au colonel commandant le 3e tirailleurs le 6 mars (1) :

(1) Les notes prises par le commandant Lentonnet pendant la période des préparatifs sont assez rares. Il eut alors à veiller à la formation et à la mobilisation des compagnies destinées au 2e ba-

« Bureau comptabilité a-t-il adressé, voies rapides à Orléansville, imprimés nécessaires à l'officier payeur du régiment d'Algérie, 2ᵉ bataillon? Si non, seront achetés dans le commerce. Le bataillon sera formé le 15. »

Le ministre, consulté, n'a pas encore indiqué de solution (1).

9 mars. — Les revues succèdent aux revues. Mon bataillon sera, je n'en doute pas, en excellent état. Je suis littéralement surmené par les préparatifs d'entrée en campagne.

De fréquentes théories sont faites aux officiers et sous-officiers des compagnies mobilisées : théories sur la vie à Madagascar, sur les précautions à prendre contre la fièvre, contre les insolations, sur l'hygiène, sur le climat, sur les habitants, sur les ressources du pays. On cite fréquemment, comme un modèle du genre, la campagne des Anglais contre les Achantis (2).

taillon du régiment d'Algérie, et il se fit un devoir de bien connaître le personnel d'officiers et de sous-officiers qui allait faire campagne sous ses ordres.

Le colonel vint enfin passer quelques jours à Paris au milieu de sa famille, près de laquelle s'installa Mme Lentonnet.

(1) Nous avons tenu à ne rien retrancher de ces notes, rien même de ces menus détails d'une entrée en campagne.

(2) Dans la plupart des campagnes coloniales, la maladie est presque toujours le principal ennemi à combattre. L'expédition des Anglais en 1874 contre les Achantis, que dirigea sir Wolseley,

Chaque officier reçoit une carte de Madagascar au 1/2,000,000ᵉ, un itinéraire de Majunga à Tananarive au 1/200,000ᵉ et une carte des environs de cette dernière ville au 1/40,000ᵉ.

Chaque officier supérieur reçoit, en outre, une carte des environs de Tamatave au 1/40,000ᵉ; un plan de Tamatave au 1/5,000ᵉ; une carte des environs de Fianarantsoa au 1/50,000ᵉ; un itinéraire de Tamatave à Tananarive au 1/200,000ᵉ; un itinéraire de Fianarantsoa à Tananarive, par M. Grandidier.

Deux de chacune de ces cartes sont distribuées à chaque compagnie, ainsi que deux notices explicatives des différents itinéraires.

Chaque officier est enfin muni d'un guide de conversation franco-hova.

12 mars. — Les compagnies qui formeront le 2ᵉ ba-

---

fut, suivant l'expression de lord Derby, « an engineers and doctors war », une campagne d'ingénieurs et de médecins.

Le corps expéditionnaire débarqua à Cape Coast du 1ᵉʳ au 4 janvier. Le 10 janvier, marche en avant; le 5 février, occupation et incendie de Coumassie, à trois cents kilomètres de la côte. Le 28 février, les troupes anglaises se rembarquaient, et le 30 mars la reine Victoria les passait en revue à Windsor. Les précautions de toute nature avaient été si bien prises que ces troupes ne perdirent qu'un très petit nombre d'hommes par maladie.

Au Dahomey, l'organisation du corps expéditionnaire français, celle des moyens de transport et du service d'hygiène furent également parfaites.

taillon du régiment d'Algérie sont exercées à des manœuvres de guerre spéciales :

1° En terrain découvert, ordre fermé, en carré ;

2° En terrain coupé, en ordre étendu, si cela est nécessaire, et en ordre fermé aussitôt que possible ;

3° Emploi du feu aux petites distances seulement et par salves à partir de 300 à 400 mètres ; à 500 mètres, on ne fera tirer que les meilleurs tireurs ;

4° Feu à volonté et rapide à 100 mètres.

L'attaque doit être poussée à fond, dès que le tir a donné de bons résultats. Assurer ses flancs et ses derrières.

Dans le combat de nuit, on ne doit tirer que des feux de salve et attendre d'être à très petite distance pour les exécuter, etc.

15 mars. — Aujourd'hui, 15 mars, le 2ᵉ bataillon du régiment d'Algérie est formé à Orléansville. Nous n'attendons plus qu'un ordre de départ.

30 mars. — Hier, un punch a été offert au bataillon par la garnison d'Orléansville.

31 mars. — Nouveau punch offert hier, à la mairie d'Orléansville, par la municipalité aux officiers. Toasts aux tirailleurs et au corps expéditionnaire de Madagascar.

Les sous-officiers ont été reçus de leur côté, et la ville a offert à chaque soldat un paquet de cigarettes.

Les dames de France les gratifient également de tabac.

1ᵉʳ avril. — Le bataillon a quitté Orléansville, le 31 au soir, en deux détachements : le premier, composé de l'état-major du bataillon et des 7ᵉ et 8ᵉ compagnies, a pris le train de sept heures dix. Les 5ᵉ et 6ᵉ compagnies ont pris celui de dix heures du soir.

Nous sommes arrivés à Alger à six heures cinquante du matin. Le 1ᵉʳ zouaves offre à nos hommes le café.

La musique du régiment nous attend à la gare et conduit les deux compagnies à l'Arsenal pour y verser les armes (1).

Les tirailleurs prennent ensuite un repas froid sur l'esplanade de Bab-el-Oued, puis sont conduits au square Bresson.

A dix heures, arrivée des 5ᵉ et 6ᵉ compagnies qui rejoignent les deux autres à ce square, après avoir versé armes et campement.

Un vin d'honneur est offert par la ville d'Alger à tous les soldats ; tabac à discrétion.

Mais l'ordre arrive à une heure de diriger le bataillon au port d'embarquement. L'opération est lestement conduite. A quatre heures et quart, tout est terminé. A cinq heures et quart, départ du *Cachemire,* à bord

---

(1) Les soldats envoyés à Madagascar ne s'embarquaient pas avec leurs armes ; ils en reçurent de nouvelles, en débarquant à Majunga.

duquel nous sommes logés en compagnie de l'état-major du régiment. Ovations. *Marseillaise*. Le général Swiney, en nous faisant ses adieux, a prononcé un chaleureux discours.

Grosse émotion, au départ, de nos jeunes officiers, dont quelques-uns mariés.

En sortant du port, nous rencontrons un navire russe, dont les officiers et les matelots nous acclament avec enthousiasme. Le grand-duc Georges, debout sur le pont, a pris part à cette manifestation de sympathie très ardente.

Peu après, nous sommes à table. Il est six heures et demie. La mer, calme tout d'abord, devient mauvaise. Un gros roulis trouble le repas de tous ceux qui n'ont pas l'estomac marin. La gaieté un peu bruyante du départ s'est apaisée. Beaucoup de nos hommes sont malades et gémissent sur le pont.

2 avril. — J'ai fort bien dormi. La mer se calme un peu. La plupart des malades se remettent des secousses de la soirée de la veille et de la nuit. Quelques-uns cependant font encore triste mine.

Nous passons devant Dellys. La journée est assez calme. Le soir, la mer redevient très forte. Ceux qui souffrent le plus du gros temps sont mis à l'abri, couchés et soignés parfaitement. La nourriture est bonne et suffisante, le pain excellent.

Les chevaux sont aussi bien installés que possible, grâce à la vigilance du commandant Giacobini, un fort brave homme, dont nous n'avons qu'à nous louer.

La *nouba* donne un concert. Les soldats dansent. Parmi les hommes embarqués se trouvent des chanteurs, un diseur de monologues et même un sergent poète; tous ces amateurs ont beaucoup de succès.

3 avril. — La nuit a été bonne. Nous suivons la côte. Nous avons vu Bizerte et La Cale, nous passons devant Tunis. On aperçoit la Goulette. Nous arrivons au cap Bon, puis à l'île Zimbra. Le transport marche bien. Nous dépassons l'île de Pantellaria, vers quatre heures et demie.

A six heures, repas. Le vent s'élève et ne nous permet guère de prendre du repos.

4 avril. — Nuit agitée par un fort vent debout. Je suis resté sur le pont. A quatre heures du matin, Malte est signalée; mais l'obscurité est encore trop profonde, et je ne vois rien ou presque rien de cette île fameuse enlevée par Bonaparte, lorsqu'il cinglait avec son armée vers l'Égypte.

Au lever du jour, toute côte a disparu. La mer nous enveloppe, et, aussi loin que portent nos regards, nulle terre ne se lève. C'est l'immensité des flots. Quelques navires passent à l'horizon et même assez près de nous.

Toujours vent debout ; mais la mer est calme. Les hommes du bataillon se portent bien.

Cependant, dans la journée, on me signale quelques cas d'oreillons.

5 avril. — Vent debout assez violent, mer agitée, nous sommes passés à hauteur de la Crète. Vers midi, une bande de marsouins prend ses ébats devant nous et nous distrait un instant.

Le commandant nous apprend que nous avons parcouru deux cent soixante milles en vingt-quatre heures.

6 avril. — Toujours vent debout, temps brumeux. Le matin, vers six heures et demie, une nouvelle bande de marsouins nous escorte. De même que la veille, nous suivons leurs ébats. Les moindres incidents prennent une importance à bord. Des cailles volent autour du navire. L'une d'elles se pose sur le pont du bateau. Elle est capturée et offerte au lieutenant-colonel Pognard (1).

Une hirondelle fatiguée s'abat dans la soirée sur le navire.

7 avril. — D'autres oiseaux sont venus nous rendre visite à bord : une alouette pourchassée par deux éperviers, une mésange et une caille.

(1) M. Pognard était le lieutenant-colonel du régiment d'Algérie. Il est aujourd'hui colonel et a commandé un détachement qui opéra vers le Touat.

La nuit a été très chaude, le ciel est sombre, le temps humide. Le vent souffle assez froid.

C'est aujourd'hui dimanche des Rameaux. Célébration de la messe. L'aumônier, M. l'abbé X***, prononce un sermon devant les officiers et la troupe sur la dunette, sermon qui nous semble plutôt étrange et exclusivement religieux, dans lequel il n'est question que des sacrements et de la supériorité du catholicisme. Or, parmi les soldats embarqués, huit cents au moins sont musulmans. Le prêche ne produit donc pas grand effet. La cérémonie se termine par un cantique que chantent des sapeurs du génie et des tirailleurs français.

Un tirailleur indigène, Gabriel Rhamdam, élevé à Saint-Cyprien des Attaffs (Algérie), a servi la messe.

De l'aveu de tous, cette cérémonie, qui a duré près d'une heure, était trop longue.

Vers onze heures et demie, après le déjeuner, causerie sur le pont. La terre n'est plus éloignée, l'eau plus foncée indique sa proximité.

Le point est fait. Nous avons parcouru deux cent cinquante milles en vingt-quatre heures.

Nous sommes à Port-Saïd vers neuf heures du soir. Les officiers sont autorisés à descendre à terre. Je visite la ville, en compagnie du lieutenant-colonel Pognard, et nous faisons quelques achats utiles.

Les rues de Port-Saïd sont régulières, bordées de

maisons ou plutôt de chalets avec des balcons à chaque étage et véranda au dernier. Ces constructions m'ont semblé coquettes.

Après une courte promenade, nous allons passer quelques instants au concert de l'Alhambra, où est installé un jeu de roulette; mais aucun de nous ne se laisse tenter. Le milieu n'est, du reste, pas engageant. Un monde singulièrement louche nous entoure, monde d'indigènes, de Levantins se livrant à tous les commerces, y compris les moins respectables.

Nous rentrons à bord à onze heures.

Température maxima de la journée : 23 degrés; minima : 19 degrés.

8 avril. — La nuit a été très mauvaise. Les charbonniers du navire qui se sont approvisionnés de combustible ont fait un vacarme bien désagréable. Impossible de prendre le moindre repos.

Le matin, vent debout, air froid. A six heures et demie, le *Cachemire* lève l'ancre. En route vers le canal.

Port-Saïd, au jour, est d'un bel aspect. Sur les quais sont accourus des indigènes, des mercantis, des soldats et des policiers.

Les navires sont nombreux au port, très animé et que traversent barques et canots. Un vaisseau de guerre anglais y stationne. Nous rencontrons un navire norvégien, en entrant dans le canal. Plusieurs fois nous

LA REINE RANAVALO III SE RENDANT A LA REVUE DU 21 MARS 1896, A TANANARIVE

devons nous garer pour laisser passer des vaisseaux anglais et italiens.

A Ismaïlia, grande et large baie, oasis très fraîche, où nous restons à l'abri le temps nécessaire pour livrer passage à deux navires anglais venant de la mer Rouge.

Pendant le trajet de Port-Saïd à Ismaïlia, un train passe sur la rive. Les voyageurs, dont beaucoup évidemment sont des Français, se penchent aux portières et, reconnaissant l'uniforme des turcos, poussent des acclamations : Vive la France!

Officiers et soldats répondent par les mêmes cris; nous agitons nos bonnets de police. La manifestation continue jusqu'au moment où le train disparaît.

Ces démonstrations se renouvellent, du reste, plusieurs fois; non loin d'Ismaïlia, un homme âgé d'une quarantaine d'années salue les couleurs françaises : il se rapproche du bord en courant pour mieux voir; sa femme le rejoint, et tous deux nous saluent de : Vive la France! qui impressionne les plus sceptiques. Nous remercions de loin ce bon Français.

Après une heure de mouillage à Ismaïlia, nous rentrons dans le canal; nous sommes à Suez.

La traversée de Port-Saïd à Suez a été intéressante. Nous avons très bien vu le pays. Les berges du canal sont murées du côté droit, en se dirigeant vers Suez;

de l'autre côté sont entassées des pierres non cimentées. Un canal d'eau douce coule parallèlement à celui qui unit les deux mers. Un chemin de fer Decauville suit la rive droite.

9 avril. — La nuit a été mauvaise. Les manœuvres du navire ont troublé notre sommeil. A deux heures, nous entrons dans le golfe de Suez et dans la mer Rouge. Le temps est brumeux; mais déjà la température est plus chaude. Ordre est donné à tous les hommes de ne plus aller et venir sur le pont sans couvre-chef dès que le soleil sera levé.

Nous voyageons entre l'Érythrée et l'Arabie. A trois heures, les soldats du bataillon défilent sous la douche; ils se réjouissent comme de grands enfants. Plusieurs des mulets embarqués, trop gras, maintenus par des sangles trop courtes, sont blessés aux flancs. Aucun autre incident.

10 avril. — Nuit très calme. Le matin, léger vent debout. La mer Rouge est, en réalité, d'un merveilleux azur. En revanche, les flancs dénudés des montagnes d'Égypte, qui la bordent à droite, sont d'un rouge flamboyant sous le soleil vraiment torride.

Nombreux encore sont les navires rencontrés, presque tous anglais.

11 avril. — Cette nuit, chaleur effroyable. Le thermomètre marque 30 degrés. Impossible de dormir.

Chacun quitte sa cabine, dans l'espoir de respirer plus fraîchement sur le pont.

A midi, le *Cachemire* est à hauteur de Djeddah, port fréquenté par les pèlerins qui se rendent à la Mecque. La température est de 32 degrés.

12 avril. — Nuit humide, mais la chaleur augmente et semble encore plus insupportable que la veille. Le thermomètre marque 34 degrés. Pas un souffle d'air.

Sur le pont, deux faucons viennent se reposer, et, comme personne ne les poursuit, ils restent longtemps embarqués.

13 avril. — Toujours même chaleur humide et suf-focante.

Au lever du jour, apparaissent à bâbord des ro-chers arides, près desquels s'ébat une bande de mar-souins.

Nous touchons à Périm, où nous faisons escale à onze heures du soir. Le navire embarque du charbon pendant la nuit.

14 avril. — De grand matin, personne ne pouvant dormir, quelques officiers descendent à terre, mais ils reviennent désenchantés de leur visite à terre, après une courte promenade; ils plaignent la garnison an-glaise qui occupe ce poste aride et désolé de Périm. Ils ont rencontré là un seul Français, employé au télé-graphe.

Le fort des Cipayes défend l'entrée de la baie circulaire et profonde dans laquelle les navires évoluent difficilement. En dehors du misérable village nègre, on remarque l'habitation du commandant militaire et les logements des soldats anglais.

Des embarcations chargées de nègres, presque tous jeunes, fort laids de visage, mais bien faits, circulent autour du *Cachemire*. Tous les indigènes qui les montent gesticulent et poussent les cris de : Oho! oho!

Plusieurs de nos camarades, qui ont déjà fait la traversée, jettent à ces nègres des sous et même des pièces blanches, sur lesquels ils se précipitent en plongeant comme des poissons. Le spectacle est curieux.

A sept heures, nous sortons de la baie, l'arrière en avant. La chaleur est telle que tous à bord, hommes, chevaux, mulets, sont abattus et mornes.

15 avril. — Nous nous éloignons de la mer Rouge. La chaleur est moins accablante. Le vent souffle et nous apporte une douce fraîcheur. On respire.

Quelques animaux ayant particulièrement souffert de la température de la veille sont hissés sur le pont. Mon cheval « Sakalave » est du nombre. La pauvre bête était en assez triste état, mais l'air bienfaisant lui rend la vie.

16 avril. — Nous doublons, ce matin, le cap Guardafui, puis le faux cap sur lequel se sont brisés, il y a plusieurs années, deux navires trompés par une sorte de mirage qui leur fit confondre les rochers et la mer. Le premier cap ressemble à une tête de lion, le second à un sphinx.

Vers onze heures, passent deux jonques montées par des noirs.

Les variations de température sont assez brusques de midi à trois heures. Le thermomètre a marqué plus de 33 degrés, puis à peine 24.

17 avril. — Rien de nouveau à bord. Des bandes de requins suivent le navire. Température maxima : 34 degrés; minima : 28.

18 avril. — Chaleur de plus en plus torride nuit et jour. Chevaux et mulets, quoique bien soignés par leurs gardes, sont vraiment à plaindre. Ils ont les jambes enflées et peuvent à peine respirer. A une heure, on les promène sur le pont; ils ont subi, dans leur écurie, une température de plus de 40 degrés. Plusieurs sont gravement malades. Deux mulets ont été frappés de congestion pulmonaire.

Le thermomètre varie entre 35 et 31 degrés.

19 avril. — Nuit mauvaise. Le ciel est couvert de gros nuages noirs. L'orage menace. Il éclate vers six heures et demie du matin, et une effroyable averse s'abat sur le pont, mais sans rafraîchir l'atmosphère presque irrespirable.

Une bande de poissons volants passe à proximité du navire. L'un de ces poissons, entré par un hublot, est pris par un soldat ; il est assez gros. Les deux ailes-nageoires sont fortement attachées du cou à la queue. Le poisson volant se maintient en l'air, tant que ses ailes sont mouillées ; retombe à l'eau dès qu'elles sont sèches.

Nous allons passer l'équateur. Un officier farceur a tracé une barre sur le verre du fond de sa jumelle de campagne et s'amuse à montrer la « ligne de l'équateur » à quelques naïfs. Des officiers indigènes se laissent prendre à cette plaisanterie.

Passage de la ligne de dix à onze heures ; mais, à bord du *Cachemire,* le commandant nous épargne la traditionnelle cérémonie. Ni défilé, ni baptême ; à peine quelques farces entre marins et soldats qui font, du reste, bon ménage. Le soir, grand dîner à la table du commandant, qui réunit les officiers supérieurs, le second, le maître mécanicien, le commissaire du bord et le capitaine du génie.

20 avril. — Journée chaude et humide. Des bandes de poissons volants passent devant le navire. Nouveaux orages plus épouvantables que celui de la veille. Les ondées se succèdent violentes comme des trombes.

Le fracas du tonnerre est épouvantable. Le capitaine craint du gros temps pour cette nuit. Il ne quittera pas la passerelle.

21 avril. — Dimanche. Messe et cantiques pour ceux qui veulent prendre part à la cérémonie.

Vers deux heures, nous apercevons à bâbord l'île de l'Assomption. Le temps est toujours couvert. Tout à coup est signalé un nuage blanc qui se détache sur le fond noir de l'horizon et s'avance rapidement vers nous.

Il est formé par une immense bande de mouettes pressées les unes contre les autres. Longtemps nous les suivons des yeux. La bande passe comme une surprise de féerie.

La chaleur semble moins insupportable. Nous sommes, en effet, à la fin de l'été dans ces régions équatoriales.

22 avril. — Mer un peu forte cette nuit. Vers six heures et demie est signalée à tribord l'île de Mayotte, où résident deux cent seize Européens. Elle est très longue et émerge beaucoup au-dessus de l'eau. Quelques petits bateaux, de pêche sans doute, naviguent dans le voisinage.

Vers le soir, le *Cachemire* ralentit sa marche, afin de ne pas arriver de nuit sur la côte malgache. Nous ne filons que cinq nœuds au lieu de onze : le capitaine, qui ne connaît pas la côte, est prudent ; nous ne serons en vue de Majunga, point de débarquement, que demain matin.

23 avril. — Impossible de dormir à bord cette nuit. Marins et soldats préparent le déménagement. De grand matin, tout le monde est sur le pont, les regards tournés vers la terre malgache. Malgré quelques plaisanteries forcées, l'émotion se trahit sur plus d'un rude visage. Combien d'entre nous sont-ils destinés à rester à jamais sur cette terre où nous allons bientôt prendre pied ?

Déjà d'autres navires stationnent devant Majunga. La rade et le rivage sont animés ; cependant l'impression générale est plutôt triste. La ville, assez peu importante, se dresse à l'entrée de la baie de Bombetoke. Un banc de sable très mince la sépare de la haute mer. Elle a été construite au pied d'une colline couverte de manguiers et que couronne un fort hova.

A neuf heures et demie, le *Cachemire* jette l'ancre. Seul, le colonel Oudri descend à terre où l'attend le général Metzinger, installé à Majunga avec le 3ᵉ bataillon du régiment d'Algérie et l'infanterie de marine, depuis deux mois (1).

Le génie et quelques animaux sont débarqués dans

(1) Le général Metzinger était arrivé à Majunga, le 28 février précédent, à bord du transport de l'État le *Shamrock*.

la journée. Nous resterons à bord jusqu'à demain. Dîner et longue causerie avec le capitaine Giacobini, un charmant compagnon.

De terre nous sont envoyées des provisions fraîches, ainsi que de la glace et de l'eau minérale. C'est un vrai régal !

CHAPITRE II

MAROVOAY.

Le débarquement à Majunga. — Première étape. — La route. — Miadana. — Fatigues et privations. — L'attaque de Marovoay. — Les incendiaires. — Reconnaissances. — Terribles mousti- ques. — Combat d'Ambadimonto. — Préparatifs de départ.

24 avril. — De bonne heure commence le débarque- ment du matériel et des chevaux. Les tirailleurs re- çoivent les armes à eux destinées qui se trouvaient à bord du navire. A deux heures seulement, le premier canot nous transporte à terre, les embarcations se suc- cèdent et vont échouer sur le sable, car il n'y a ni ponts, ni jetée, ni quais. Mes grands diables de soldats sautent en riant dans la mer et ne craignent pas de prendre un bain de pieds. Chaque compagnie, dès qu'elle est formée, se dirige vers le camp assigné au régiment d'Algérie. Je reste sur la plage jusqu'à la fin du débarquement. A cinq heures et demie, conversation avec le colonel

Oudri, qui a reçu les instructions du général Met-zinger.

Première impression : étonnement du désarroi, du manque d'organisation qui se manifeste un peu partout ; mais baste ! on se débrouillera.

A six heures, je me rends au camp. La plupart des hommes du bataillon sont déjà installés, tout heureux de se dégourdir les jambes après une longue traversée. Les tentes ont été vite dressées.

Mon bagage n'est pas là ; on le cherche vainement. En attendant, je dîne d'un morceau de viande froide arrosé d'eau sale ; à grand'peine enfin, j'obtiens du thé ; mais ni ma tente ni mon lit n'arrivant, je me résigne, très fatigué, à coucher à la belle étoile, couvert par une moustiquaire, sur une bande chinée. Le sol est dur.

25 avril. — Journée de surmenage. Pas une seconde de repos depuis la première heure. On presse le débar-quement des bagages. Nous devons entrer en campagne le soir même. On touche à Majunga les derniers usten-siles de campement et des vivres pour trois jours.

Ordre du général : deux compagnies, les 5ᵉ et 6ᵉ et le premier peloton de la 7ᵉ, sous les ordres de M. Blon-del, partiront à cinq heures pour Marovoay, dont l'at-taque se prépare.

Le deuxième peloton de la 7ᵉ ne se mettra en route que le lendemain ; il escortera les bagages.

LE DÉBARQUEMENT DES TROUPES A MAJUNGA

BOUTRE SUR L'ICOPA

La 8ᵉ compagnie tiendra provisoirement à Majunga, où demeurera également jusqu'à nouvel ordre l'officier payeur, M. Thiel, garde-magasin.

A l'heure dite, nous sommes en marche, les hommes n'ayant pas mangé la soupe, les cartouches n'étant qu'à moitié distribuées, les vivres pas distribués du tout, quelques hommes incomplètement équipés.

Le chemin à suivre est atroce et si mal indiqué que le détachement conduisant les mulets, parti après nous, s'égare dans les ravins et dans les marais. Des animaux tombent et s'embourbent; il fait nuit noire. Enfin, à minuit, tout le monde est arrivé au camp, à six kilomètres à peine de Majunga.

Quel gâchis causé par un départ aussi précipité, avec ordre d'aller de l'avant quand même, sans se soucier ni des hommes ni des animaux! Heureusement, tous mes soldats ont fini par rejoindre. Nul ne s'est noyé ni embourbé, comme je le craignais. L'appel est fait, aucun manquant. Ni soupe, ni café.

A une heure du matin, n'ayant pas encore reçu ma tente, je m'enveloppe dans mon caoutchouc, la tête dans le capuchon, et je m'étends, de même que la veille, à la belle étoile.

26 avril. — Nuit dure et courte. Réveil sonné avant le lever du jour. Pas de café. Les hommes sont fatigués avant de faire un pas; ils ont mal dormi. Nous devons camper le soir à Marohogo, à dix-huit kilomètres.

Le bataillon se met en marche sans entrain; il faut réveiller le moral du soldat.. A Amparihigindro, nous rencontrons un poste de tirailleurs sakalaves. Après une courte halte, j'apprends que le convoi ne peut suivre et reste fort en arrière. Je dois moi-même retourner sur mes pas afin d'activer le mouvement. Quelques traînards tirent la jambe. Plusieurs tirailleurs tombent, comme foudroyés par la chaleur. On les charge à dos de mulet. Cette étape est des plus pénibles.

Enfin, à midi, le camp est installé.

Dans la soirée, on m'avertit qu'un soldat muletier s'est perdu. Les clairons sont envoyés à sa recherche avec des lanternes. Ils le retrouvent et le ramènent.

27 avril. — Départ à six heures. Route assez bonne le long de la mer, dont le voisinage est agréable. L'air est plus frais que la veille. Nous respirons.

A neuf heures, après avoir franchi douze kilomètres environ, nous parvenons à l'ancien Rouve ou fort hova d'Ambohitrombikeby, abandonné par l'ennemi (1).

Nous chassons aux alentours du camp. Je tue deux échassiers, gibier détestable. Soirée morne.

28 avril. — En route à six heures pour Mevarano. Route affreuse, dont une partie seulement a été con-

____

(1) Rova ou Rouve, poste hova fortifié.

struite par le génie. Les marais qui barrent le chemin sont dangereux. Nous arrivons sans encombre à l'étape à neuf heures et demie. Distance parcourue : quatorze kilomètres.

Le deuxième peloton de la 7ᵉ compagnie, qui s'est rendu à Mevarano avec le convoi administratif de la brigade par une autre route, a déjà établi son camp.

La fatigue est extrême.

Après les distributions, repos.

29 avril. — Le poste de Mevarano, autour duquel nous sommes campés, avait été enlevé, au mois de mars, par le 3ᵉ bataillon du régiment d'Algérie, commandant Debrou, après une courte résistance de l'ennemi, qui abandonna trois gros canons. Il a pour garnison un détachement de tirailleurs sakalaves et un détachement d'infanterie de marine (1).

Les boutres venant de Majunga chargés de vivres abordent au petit appontement de Mevarano. Le ravitaillement sur ce point est donc facile.

Journée chaude, les amateurs de chasse sont rares. Nous pêchons à la cuiller. Le chef d'état-major de la brigade est le roi de la pêche ; il a pris un très beau poisson.

30 avril. — Notre petit corps d'armée — il com-

(1) Détachement du bataillon du commandant Belin, venu de Diego-Suarez à Majunga.

prend maintenant de l'artillerie — se rapproche de Marovoay, où nous livrerons sans doute notre premier combat.

Je pars avec l'avant-garde, que forme le premier peloton de la 6ᵉ compagnie — capitaine Castel — à cinq heures vingt.

A cinq heures trente-cinq suit le deuxième peloton ; puis vient l'artillerie, la 7ᵉ compagnie et un peloton de la 5ᵉ, enfin le convoi. Le second peloton de la 5ᵉ fait le service d'escorte et d'arrière-garde, sous les ordres du capitaine Pradal.

Nous sommes à Antanalamanaco à huit heures et demie. Halte. Des hommes partent à la recherche d'une fontaine ou d'un cours d'eau, mais n'en découvrent pas. En route ! Arrivée à Miadana, qui est peu éloigné, à neuf heures vingt-cinq. Grand village d'environ cinquante cases.

Lorsque nous y entrons, trois coups de feu partent d'assez loin sur la gauche de la colonne. La compagnie Castel se déploie et reconnaît le terrain ; elle ramène un prisonnier.

Dans le village, une case est en feu. La 7ᵉ compagnie pousse jusqu'à sept ou huit cents mètres sur la gauche. Le peloton de la 5ᵉ est en soutien d'artillerie, il dépasse Miadana et prend position ; mais les Hovas ne se montrent pas.

Les hommes s'installent au cantonnement dans Miadana ; chacun prend place tant bien que mal dans une des cases. La 5ᵉ compagnie est en grand'garde. Dans la journée, un incendie éclate ; mes soldats ont raison du feu à coups de hache et de gros bâtons.

La soirée est calme. Nous attendons des ordres pour le lendemain.

1ᵉʳ mai. — Le camp est levé à six heures. Nous devons occuper dans la journée Andranolava. La 7ᵉ compagnie est d'avant-garde. En arrivant au village, à neuf heures, elle reçoit quelques coups de feu, auxquels nous ne répondons même pas. Des patrouilles sont envoyées à droite et à gauche, et jusqu'au bord de l'Andranolave, que nous devons franchir.

Halte et repos de neuf heures et demie à deux heures.

Les hommes, qui, depuis plusieurs jours, ont supporté fatigues et privations, se répandent dans les maisons et y découvrent des provisions et des bandes de volailles. Allez donc, en de pareilles conditions, empêcher le chapardage !

La chasse aux oies, poules, canards, dindons, commence, et elle est des plus fructueuses. L'ordinaire, enfin, s'enrichit de manioc et de riz. C'est, pour nos tirailleurs, une bombance inespérée ; malheureusement, quelques-uns ont mis la main sur des bouteilles d'alcool et se sont empressés de les vider, sans le moindre souci des prescriptions du Coran. Je menace les ivrognes des punitions les plus sévères ; mais il est déjà trop tard pour certains, complètement gris.

A deux heures, ordre du général Metzinger de passer la rivière. Un pont a été construit au moyen de pirogues enlevées à l'ennemi et des matériaux enlevés au village. Les bagages passent les premiers, puis les hommes, les animaux passent à la nage. Tout est terminé sans accident à quatre heures et demie. Le camp est établi en forme de redan. Nous sommes assez fortement et bien installés.

La 6ᵉ compagnie a laissé une section, celle du lieutenant Augey-Dufresse, au village, pour garder la tête de pont. Deux sections sont en grand'garde.

Je me faisais un plaisir d'aller me coucher de bonne heure quand, tout à coup, le feu éclate sur notre front. Nos hommes gardent un sang-froid parfait. Personne ne riposte sans ordre à cette fusillade lointaine et mal dirigée, qui ne tarde pas à s'éteindre. Elle nous avertit, toutefois, que nous sommes dans le voisinage de l'ennemi, et que l'on ne saurait trop se bien garder.

Autre alerte : la marée, très forte, menace d'enlever le pont. Dans la soirée, la section Augey-Dufresse est rappelée et transportée sur la rive au village par un boutre qui apportait du pain à la colonne.

Je couche encore à la belle étoile. Nuit atroce. Nous sommes dévorés par les moustiques.

2 mai. — Réveil à trois heures et demie, départ à quatre heures et demie. Il fait encore nuit noire lorsque nous marchons sur Marovoay ; avec quelle impatience ! Enfin, nous allons donc combattre et rencontrer l'ennemi. Les étapes sont terriblement longues dans ces marécages. La canonnade réveillera ceux qui commencent à perdre le feu sacré.

Marovoay nous a été représentée comme une ville assez importante où les Hovas, jusqu'alors fuyards, se défendront énergiquement. Leur chef répond au nom harmonieux de Ramasambahaza. Les soldats l'ont déjà baptisé : « Ramasse-ton-bazar. »

Une de mes compagnies, la 7ᵉ, est détachée à la garde du convoi ; j'ai donc sous mes ordres les 5ᵉ et 6ᵉ, la 8ᵉ étant toujours à Majunga. Notre colonne expéditionnaire, placée sous le commandement du général Metzinger et destinée à ouvrir la voie au corps du général Duchesne, comprend, en outre, le 3ᵉ bataillon du régiment d'Algérie, les tirailleurs sakalaves et l'infanterie de marine du commandant Belin ; enfin, nous sommes appuyés, du côté du fleuve, par la flottille et les compagnies de débarquement, sous les ordres du capitaine de vaisseau Bienaimé.

Après deux heures environ de marche lente à la file

indienne, par des sentiers invraisemblables, nous débouchons dans une assez vaste clairière. A ce moment retentissent encore loin de nous les premiers coups de feu de la journée.

Mes deux compagnies s'arrêtent et forment les faisceaux, en attendant des ordres. Nous apercevons l'avant-garde, composée d'infanterie de marine et de Sakalaves, tiraillant près d'un petit village.

Halte de courte durée. Le bataillon se rassemble pour se porter en avant. L'ennemi nous voit et tire dans notre direction. Quelques balles sifflent autour de nous. Les tirailleurs font bonne contenance. Mes compagnies sont à peine formées qu'un soldat indigène de la 5ᵉ compagnie tombe mortellement frappé. Porté à l'ambulance, il succomba quelques heures plus tard.

Nous avançons jusqu'à sept heures et demie ; la 5ᵉ compagnie est alors déployée, mais sans avoir l'occasion de tirer. A neuf heures du matin, tandis que le combat continue, mon bataillon n'a pas encore brûlé une cartouche. Nous sommes en face de crêtes sur lesquelles apparaissent des Hovas en nombre considérable. L'infanterie de marine, à notre gauche, s'avance pour les déloger. Après une halte, nous attaquons de notre côté. La 5ᵉ compagnie et un peloton de la 6ᵉ, sous les ordres du lieutenant Augey-Dufresse, dirigent sur l'ennemi quelques feux de salve.

COMBAT DE MAROVOAY

Attaque à la baïonnette.

COMBAT DE MAROVOAY
Feux de salve.

Pas entêtés, les Hovas! Ils ont bientôt lâché pied, et nous nous lançons à leur poursuite.

Nous occupons les crêtes abandonnées, puis, successivement, trois villages situés à l'entrée de la plaine coupée de marais (1). Les Hovas courent toujours. Deux feux de salve précipitent leur déroute.

Nous avons fait dans les villages trois prisonniers, surpris les armes à la main ; ils seront conduits au quartier général ; tous trois sont nègres. Ces villages, que les Malgaches n'ont pas eu le temps de déménager, sont riches en volailles et en victuailles, en alcool aussi, hélas ! Les popotes s'approvisionnent. Un soldat m'amène une chèvre et ses deux chevreaux. Chaque escouade a fait main basse sur les poulets, dindons, canards de Barbarie, etc. Cependant, le mouvement en avant continue. La place de Marovoay est tournée, les défenseurs du Rova s'empressent de fuir avant d'être cernés. Nous assistons alors à une déroute générale de l'ennemi, qui se précipite dans les marais, tandis que le commandant Bienaimé, venu par le fleuve, entre dans la ville et y plante le drapeau tricolore, que bientôt nous voyons flotter au sommet du Rova.

Le feu de l'infanterie a cessé à dix heures un quart, et celui de l'artillerie à dix heures et demie.

____

(1) Les villages d'Antouparabova, d'Antanimora et d'Amatanora.

Nous recevons l'ordre de ne pas pousser plus loin et de prendre un repos bien gagné, après une marche pénible, et de venir cantonner à Marovoay, dans le fort même, où nous pénétrons à midi et demi.

La ville, si on peut appeler ainsi une agglomération de cases presque toutes infectes, avait été, en partie, abandonnée par ses habitants. Les vieux seuls sont restés, ainsi que des Indiens, sujets de Sa Majesté la reine Victoria, qui avaient arboré le drapeau britannique. Ces Indiens font le commerce de l'or.

La ville était, comme les villages des environs, bien fournie de vivres. Plusieurs cases ont été pillées par les troupes entrées les premières, et dont les soldats ont vidé les bouteilles d'alcool trouvées en quantité. On a même eu quelque peine à réprimer ce désordre.

La prise de Marovoay produit un excellent effet sur nos hommes, qui mépriseront désormais les Hovas; le prestige de ces derniers est déjà fort atteint en pays sakalave. Si l'ennemi avait bien tenu, nous aurions certainement subi de grosses pertes devant cette place d'une défense aisée et d'un abord difficile.

Le vice-consul anglais, M. Schoot, a suivi les Hovas dans leur retraite; sa maison est occupée militairement.

Parmi les objets ramassés un peu partout, on a découvert les effets de gala de « Ramasse-ton-bazar » et une zagaie de commandement en argent donnée par la reine au gouverneur de Marovoay en 1841.

C'est un premier trophée, en réalité simple joujou.

Nos pertes sont légères : un tirailleur algérien tué, six blessés. Les Hovas, en revanche, ont perdu beaucoup de monde par les feux de salve et les obus.

3 mai. — Repos complet; nos hommes sont très fatigués. La journée d'aujourd'hui les remettra. J'habite une case en bois assez confortable, c'est-à-dire que je m'y trouve à l'abri du soleil. Il n'y a dans mon logis ni vaisselle, ni meuble, ni lit.

Nos tirailleurs font de la soupe à la courge et au manioc et des ratas de volaille. Ils sont approvisionnés pour plusieurs jours.

Je descends du Rova dans le village baptisé bien improprement du nom de ville. On ne peut imaginer localité plus mal entretenue, plus sale. Dehors, on ne rencontre que des Indiens. Les curieux sont assez nombreux au bord du fleuve, où ils assistent au débarquement des boutres et aux ébats des caïmans, dont quelques-uns dépassent deux mètres de longueur.

Le soir, la chaleur est vraiment déprimante. Le repos est d'autant plus difficile que nous sommes assaillis par les moustiques et les fourmis rouges.

Une compagnie du bataillon, celle du capitaine Pillot, reçoit l'ordre de rejoindre la colonne envoyée en reconnaissance et à la poursuite de l'ennemi sous le commandement du lieutenant-colonel Pardes.

4 mai. — Nuit sans sommeil. Aujourd'hui, encore repos. Le bataillon, cependant, fournit quelques patrouilles destinées à réquisitionner des vivres dans les villages voisins; tout est payé aux indigènes.

Le soir, à neuf heures, alerte causée par des incendies qui éclatent au bas du Rova. Plusieurs détachements surprennent et dispersent sans peine des incendiaires. Un de ces derniers a été arrêté.

5 mai. — La chaleur est toujours forte et semble plus pénible encore pendant la nuit. Les reconnaissances autour de la ville ne découvrent rien.

Un incendiaire de la veille est amené au camp; trois témoins le reconnaissent. Ordre de le fusiller. Cet homme est conduit par douze tirailleurs, sous les ordres de l'adjudant Poinsot, jusqu'au lieu de l'incendie, et passé par les armes, en présence des témoins et d'indigènes.

Des boutres arrivent de Majunga, porteurs de denrées et objets divers. Les premiers mercantis s'établissent à Marovoay et nous vendent aussi cher que possible leurs marchandises.

La section du lieutenant Grass part à neuf heures et demie en reconnaissance, avec quatre jours de vivres.

6 mai. — Affreuse nuit. Les fourmis rouges nous

dévorent littéralement. Grand ennui. Je suis presque seul au Rova. Mes compagnies expéditionnent un peu partout, chacune isolément. Il ne reste, à Marovoay, à ma disposition, que cinquante hommes. La 6e compagnie est partie en reconnaissance à Marolambo, sous les ordres du capitaine d'état-major Mirepoix.

Le colonel Oudri, qui commande le régiment d'Algérie, est allé jusqu'à Bevoasango.

7 mai. — Incident de la journée : Quatorze prisonniers, faits par l'infanterie de marine, entrent le soir à Marovoay, escortés par une section de ravitaillement. Un de ces prisonniers, méchant nègre, qui ne veut pas marcher et se jette sur les soldats, est fusillé. Les autres malheureux sont hideux, d'une saleté repoussante et couverts de plaies syphilitiques.

On a entendu, dans la journée, plusieurs feux de salve, ceux de la colonne Pardes qui opère aux environs (1).

8 mai. — Nous demeurons toujours à Marovoay. La

(1) La colonne Pardes donna la chasse aux Hovas réfugiés au sud-est de Marovoay ; après une marche des plus pénibles et des mieux dirigées en pays inconnus, et malgré une chaleur torride, elle rencontra l'ennemi de beaucoup supérieur en nombre, près d'Ambodimanga, le bouscula, le dispersa à la baïonnette et lui enleva un canon Krupp. (Voir plus loin.)

Douze tirailleurs sakalaves et un lieutenant, M. Foreston, furent blessés dans cette rencontre, à la suite de laquelle les dernières bandes hovas s'éloignèrent de Marovoay.

plupart de mes officiers sont partis en reconnaissance.

La principale de ces reconnaissances, lancée en avant sous les ordres du capitaine Mirepoix, a spécialement pour but de s'assurer de la viabilité de la région. Les officiers qui y ont pris part disent que le pays est difficilement accessible. Ravins, cours d'eau, marécages barrent le chemin. Mes tirailleurs ont fait preuve d'endurance pendant la marche ; ils ont improvisé des ponts, élargi la voie, traversé deux forêts.

Trois hommes, atteints de fièvre, sont portés par des coolies à l'ambulance.

A Marovoay, le général Metzinger décrète la formation d'une police. Le premier chef de cette police française est un simple soldat de la légion étrangère, nommé Fouloneau, qui parle le malgache et a habité cinq ans Tananarive. Dix nègres sont placés sous sa direction. Par ordre de cette nouvelle police, les Indiens doivent procéder sans retard au nettoyage de la ville, laquelle n'était qu'un ignoble cloaque.

9 mai. — Arrivée à Marovoay du courrier de France nous apportant les premières lettres envoyées depuis notre départ. Des journaux, paquets, vêtements, provisions annoncés sont restés en route.

Tout le bataillon est employé, du matin au soir, à diverses corvées.

10 mai. — Chaleur étouffante. Nous ne savons

encore à quelle époque nous quitterons Marovoay. Chaque jour, corvées de plus en plus nombreuses et pénibles. Dès le matin, les tirailleurs descendent du Rouve et sont employés souvent assez loin à des travaux de terrassement ou de débarquement. Ils ont aujourd'hui déchargé des boutres et hissé au Rouve, par un sentier presque à pic, le matériel d'ambulance.

Le chiffre des malades grossit.

Deux des prisonniers hovas, ramenés ces jours derniers, sont morts, littéralement pourris.

11 mai. — La 5ᵉ compagnie du bataillon a été dirigée sur Amparilava, où elle rejoindra la colonne Pardes avec vingt-huit mulets et quatre jours de vivres. L'adjudant Hidoux, qui commande le convoi, rentre le soir et ramène un canon pris aux Hovas et six malades fiévreux, tombés en route et incapables d'aller plus loin.

La 1ʳᵉ compagnie du régiment, du bataillon fourni par la légion étrangère, se met en route pour être occupée à la construction de ponts et ponceaux sur le chemin ou sentier de Tananarive.

L'ambulance de campagne nᵒ 1 s'installe au Rova et prend possession de ma case.

Nous espérons ne plus moisir à Marovoay.

12 mai. — Il paraît que nous serons encore maintenus quelques jours ici. Je me décide à m'installer « chez moi (!) » plus confortablement, car la vie est vraiment atroce en compagnie des fourmis rouges, de plus en plus voraces, si atroce que je quitte ma case et que je place mon lit sur une table. Les fourmis montent à l'assaut et l'envahissent. Il me vient alors une idée géniale : je pousse la table vers une flaque d'eau et je me couche sur ce ponton de mon invention. Malheureusement, les moustiques ne me font pas grâce, pas plus le jour que la nuit. Je me décide alors à acheter de la mousseline et à faire fabriquer une moustiquaire; l'appareil, hâtivement construit, ne vaut rien. Je descends alors au village indien, où je trouve sans peine une moustiquaire toute faite et vraiment protectrice. Les rues de Marovoay ont été baptisées. Elles portent tout simplement comme noms les numéros des corps qui ont pris part à l'attaque de la place.

13 mai. — Les prisonniers hovas sont toujours nos hôtes. Les pauvres diables font pitié. L'un d'eux est mort de pourriture. C'est le troisième qui succombe aussi hideusement.

Aujourd'hui, cinq boucs ont été distribués au bataillon. Deux sont remis par mon ordre aux prisonniers, qui s'empressent de les décapiter. Pour compléter le repas, je donne un demi-pain à chaque Hova et des galettes de pain de guerre. Ces pauvres bougres me témoignent, à leur façon, de la reconnaissance.

Demain, partira le gros de la colonne. Je dois rester

avec deux compagnies à Marovoay jusqu'à l'arrivée —
très prochaine — du 40e bataillon de chasseurs à pied.

14 mai. — Aujourd'hui, vers sept heures et demie
du matin, nous entendons une vive fusillade au sud-
est. On apprend dans la journée que la colonne Pardes
a rencontré l'ennemi. Voici, d'après un officier, le récit
de l'action. Le commandant Pardes avait aperçu une
avant-garde ennemie passant un gué; il se porte à sa
rencontre, dissimulé par une colline; cette côte est rapidement franchie, et nos soldats, en arrivant au sommet, se trouvent presque face à face avec l'ennemi;
ils déchargent leurs armes à bout portant, ou peu s'en
faut, et se jettent à la baïonnette sur les Hovas surpris
et bientôt en déroute. Ces derniers ont laissé soixante
cadavres sur le terrain.

Les Hovas ont repassé la rivière et se sont reformés
de l'autre côté, sur une hauteur. Le lieutenant-colonel
Pardes s'est borné, par ordre, à conserver la position
enlevée; il ne doit s'engager plus avant qu'après avoir
opéré sa jonction avec le colonel Oudri.

15 mai. — Corvées habituelles. A cinq heures,
départ de la 6e compagnie, capitaine Castel, pour Amparilava, où elle doit coucher et se mettre, dès la première
heure, à la disposition du lieutenant-colonel Pardes.

16 mai. — De bon matin, un convoi de ravitaillement part de Marovoay à destination de la colonne

Pardes. Ce convoi ramènera les blessés du dernier combat. Il est accompagné par le médecin de réserve Lacaze, qui connaît à fond le pays, ayant habité Suberbieville pendant plus de trois ans.

Le convoi rentre dans la journée. Deux des blessés ont la cuisse cassée; deux ont la poitrine traversée. Un seul est en danger de mort.

Le lieutenant Foreston, des tirailleurs sakalaves, n'est pas grièvement atteint; il doit la vie à son revolver. La balle tirée sur lui a brisé la crosse et le chien de ce revolver, et a fait un séton dans le bas des reins.

Cette affaire du 14 est la plus sérieuse depuis le commencement de la campagne.

Mon bataillon envoie vingt hommes à cinq heures vers le poste de l'Andranalove, pour y ravitailler un détachement du génie.

Grand mouvement à Marovoay.

La compagnie Giraud, restée à Majunga après notre départ, rejoint le bataillon; enfin arrivent le 40ᵉ chasseurs à pied et le 200ᵉ de ligne. Ces troupes, bien que très fatiguées, n'ont pas mauvais aspect.

A cinq heures, concert par la fanfare du 40ᵉ bataillon; elle joue la *Marche des zouaves*, et je ne l'écoute pas sans émotion (1).

(1) Le commandant Lentonnet avait, on le sait, longtemps servi au 4ᵉ zouaves.

17 mai. — Derniers préparatifs. Nous touchons vivres et cartouches ; les cantines sont préparées. Nous passerons demain à la première heure la rivière de Marovoay. Nous cédons à une compagnie du 200ᵉ, dépourvue d'une partie de ses bagages, une de nos cantines de popote. A charge de revanche !

La section Grass, de la 5ᵉ compagnie, qui avait été envoyée à Ambouhibary, rentre au bataillon. Elle comprenait trente-huit hommes, a fait un service de garde et de patrouille très dur et n'a pas été engagée avec l'ennemi.

EMBARQUEMENT DE L'ARTILLERIE SUR DES CHALANDS

VOITURE LEFEBVRE

CHAPITRE III

MEVATANE. — SUBERBIEVILLE.

Passage du Marovoay. — Marolambo. — Trabonjy. — Chaleur accablante. — Passage du Kamoro. — En forêt. — Camp de Marokati. — Travaux de route. — Les fiévreux. — Maudites voitures Lefebvre ! — Réquisitions et corvées. — Passage de la Betsiboka. — Combat du 6 juin. — Un prisonnier hova. — Prise de Mevatane. — Suberbieville.

18 mai. — A huit heures du matin commence l'opération du passage de la rivière de Marovoay. Les 7ᵉ et 8ᵉ compagnies sont transportées les premières. Puis c'est le tour des chevaux, mulets et bagages.

Nous attendons en plein soleil que tout soit terminé. Cette halte de plus de deux heures, par une chaleur humide et lourde, au milieu des marécages, est meurtrière. Plusieurs cas de fièvre nouveaux se sont déclarés dans le bataillon.

En route vers trois heures. Nous franchissons à peine quelques kilomètres. A cinq heures, nous campons à Ambotolomanga, près d'un ruisseau boueux. Rien à boire qu'une eau vaseuse. Une nuée de moustiques nous dévorent.

19 mai. — A cinq heures et demie du matin, je me rends, fatigué d'insomnie, aux avant-postes. J'ai failli être tué par un mulet, dont la terrible ruade a envoyé rouler mon casque, sans me blesser.

Nous partons à cinq heures trois quarts pour Marolambo ; mon cheval *Sakalave* boite, je fais l'étape à pied sur une route tapissée d'herbes drues et glissantes, assez praticable cependant et bordée de villages ou plutôt de cases. Nous rencontrons des indigènes revenus chez eux après la fuite des Hovas et rassurés à notre sujet. Nous parcourons environ neuf kilomètres et nous établissons notre camp à peu de distance de la Betsiboka. Le 40ᵉ bataillon de chasseurs est arrivé là depuis la veille, et il y séjourne.

Sur la berge du fleuve dorment de grands et nombreux caïmans.

Journée très chaude. Les ambulances ne tarderont pas à être encombrées de malades. Nous évacuons sur Ankaboka six fiévreux incapables d'aller plus loin. Ce poste est actuellement gardé par une demi-compagnie du régiment d'Algérie.

20 mai. — Séjour. Je profite de quelques heures de loisir pour aller à la pêche, et « cela mord » sérieusement. J'ai perdu trois lignes enlevées par de gros poissons. A peu de distance de moi, étendus comme de paresseux lézards, dormaient de gros caïmans. Ils n'ont pas l'air agressif. Le bruit que j'ai fait en m'installant a troublé leur quiétude. Ils se levèrent sur les pattes de devant, explorèrent le terrain, puis reprirent leur place.

Tous les mulets partent en ravitaillement; ils rentrent au camp le soir vers dix heures.

Arrivée de quelques malades de la légion étrangère, qui marche en extrême avant-garde.

Toute la journée, soleil de plomb, et cependant nous sommes en hiver malgache!

Le lieutenant Bordeaux et sa section, venant de la colonne Pardes, nous rejoignent; ils traînent avec eux plusieurs malades.

21 mai. — Repos à Marolambo. Corvées diverses. Le service de l'arrière fonctionne assez mal. Ni la trésorerie ni la poste ne sont en communication avec nous. Plus de lettres. Fort heureusement, l'officier de marine qui commande le petit vapeur *le Boeni,* qui va et vient sur le fleuve, veut bien se charger de nos correspondances, qui partiront — du moins nous l'espérons — par le courrier du 29.

22 mai. — Nous quittons Marolambo à cinq heures du matin, avec mission d'escorter trois cents mulets chargés de vivres. La mise en route de ce convoi est laborieuse. Le sentier n'est pas trop mauvais.

Nous traversons un village abandonné, puis nous entrons dans une imposante et épaisse forêt d'arbres superbes, ébéniers, palissandre, bois de rose et rafia. De loin en loin, les Hovas ont coupé la route au moyen d'abatis qui ne font que retarder la marche.

Nous traversons une rivière et nous campons à Androtra, où nous ont précédés les 5e et 6e compagnies. Là se trouve réunie une partie du corps expéditionnaire. Le camp est vaste et très animé.

Les seuls ennemis vraiment redoutables qui nous combattent jusqu'à présent sans merci sont les moustiques.

23 mai. — Départ à cinq heures et quart du matin. Il fait à peine jour. Nous devons marcher environ six heures, toujours escortant les trois cents mulets. Hommes et animaux avancent à la file indienne.

La 8e compagnie se tient à la queue du convoi; les étapes depuis Majunga l'ont fort éprouvée, et son effectif est réduit de quatre-vingt-dix hommes depuis l'entrée en campagne. Ses hommes traînent la jambe. Le capitaine lui-même est malade. Je dois me mettre en colère pour réveiller l'énergie des plus démoralisés et les forcer à nous suivre. Deux tirailleurs déclarent ne pouvoir aller plus loin; ils se couchent à l'ombre sous un arbre. Pour les faire lever, les menaces ne suffisant plus, je tire mon sabre et je ramène à leur compagnie ces récalcitrants, auxquels j'ai probablement, du reste, sauvé la vie. Mes pauvres soldats souffrent horriblement de la soif. J'ai un peu de vin; je le distribue — quelques gouttes à chacun — aux plus malades.

Nous arrivons bien péniblement à Mangabé, à deux heures de l'après-midi; mais nous ne sommes pas au terme du voyage. Il nous faut pousser jusqu'à Trabonjy, village plus éloigné de cinq kilomètres. Les hommes sont éreintés. Je ranime leur courage, en leur annonçant que nous approchons d'un ruisseau sur les bords duquel ils pourront faire le café. Encore un coup de sac!

Voici le ruisseau. Tous se précipitent vers l'eau et se rafraîchissent à plaisir. Au loin, à un kilomètre de là, apparaît le camp; je demande aux braves gens un dernier effort, et je les entraîne jusqu'à Trabonjy, où nous parvenons seulement à quatre heures du soir, sans avoir rien mangé, pas même un morceau de pain.

La route suivie aujourd'hui est fort difficile et horriblement ravinée. Mes tirailleurs, dont je suis satisfait, ne se plaignent pas trop.

— Soleil pas bon, me disaient-ils, n'est pas comme en Afrique; trop chaud! fatigue beaucoup!

Deux capitaines du service des convois nous accompagnaient. L'un d'eux, de l'artillerie de marine, très gros, très insouciant, ne s'occupait en quoi que ce fût ni de ses hommes ni de ses animaux. Je l'ai enlevé de la belle façon.

En passant à Mangabé, je rencontre le commandant Debrou, du 3ᵉ bataillon du régiment d'Algérie. Le jour même, il avait été victime d'un véritable désastre. Le feu prit, on ne sait comment, au camp qu'il occupait : trente-trois bâts de mulets, vingt-trois fusils, des vivres, des effets et un millier de cartouches ont été détruits par l'incendie. Le 3ᵉ bataillon se trouvera donc immobilisé quelque temps, et son chef en est désolé.

Le colonel Oudri est au camp avec le 1ᵉʳ bataillon ; il nous reçoit à merveille et nous fait le récit des opérations qu'il a dirigées afin de prendre à revers les Hovas poursuivis par la colonne Pardes. L'ennemi a réussi à s'échapper.

24 mai. — Séjour à Trabonjy. Le matin, au rapport, le colonel m'adresse des félicitations au sujet du bon état — relatif — dans lequel se trouve mon bataillon, après de si rudes étapes. Ces compliments me causent une véritable joie.

25 mai. — Je me mets en route à cinq heures et demie, seul avec mon bataillon, vers Ambato, où j'arrive à huit heures. Route marécageuse traversant des rizières. Afin d'éviter un nouvel incendie, je fais débroussailler le terrain, qui est tout couvert d'herbes, avant d'établir le camp.

Le pays que nous occupons est raviné et peu accessible. Une partie de la population n'a pas quitté le village, où nous pouvons nous procurer du paddy, riz non décortiqué.

La rivière Kamoro coule en avant du camp ; de même que tous les cours d'eau de la région, elle est peuplée de caïmans.

La chaleur est insupportable ; pas d'air. Mes hommes me construisent un gourbi fait de branches et d'herbe où je peux du moins m'abriter contre les rayons du soleil.

Le 40ᵉ bataillon de chasseurs a pris position sur le versant opposé à celui que nous occupons.

Dès que le soleil disparaît et qu'il fait nuit, les moustiques se livrent à une attaque furieuse. Aux moustiques se joignent des araignées venimeuses.

26 mai. — Séjour à Ambato, où nous rejoignent le 1ᵉʳ bataillon et l'état-major du régiment.

A six heures, nous recevons l'ordre de nous tenir prêts le lendemain matin à franchir le Kamoro, affluent de la Betsiboka et proche du confluent de ce fleuve et de l'Ikopa.

27 mai. — Le passage commence, à six heures du matin, sur un des chalands débarqués à Majunga par le *Brinckburn* et traînés jusqu'à Ambato. Ce chaland passe en un seul voyage une compagnie entière. Les mulets et les chevaux sont transportés en deux voyages. A dix heures, l'opération est complètement terminée sans accident. Nous arrivons, à une heure, à Ankafiaty, après une étape en forêt, et quelle forêt ! vraiment majestueuse, aux arbres immenses s'élevant sur un sol d'une fertilité merveilleuse. Mes tirailleurs ont fait très ample provision de bananes mûres tombées à terre.

Nous admirions tous cette nature vraiment incomparable de force et de beauté, et nous défilions impressionnés dans ce décor grandiose.

En sortant de la forêt, nous nous retrouvons parmi les marécages.

A une heure, nous arrivons à destination. Le 40e bataillon de chasseurs, qui nous précède, nous a laissé un bon emplacement où je veille à l'installation du camp.

Les hommes sont très fatigués, je dois m'assurer que tout se passe en bon ordre et rendre un peu de courage à ceux qui sont trop affaissés.

Nous avons parcouru aujourd'hui notre étape sans guide, dans un pays fort difficile. J'ai dû me préoccuper constamment de la direction. Enfin, tout s'est bien passé !

28 mai. — Départ à cinq heures et demie, toujours sans guide. Après une heure de marche, je m'aperçois que nous faisons fausse route, ce dont je suis fort ennuyé. Après une étude attentive et reconnaissance du terrain, je retrouve la bonne voie. Mes hommes, par suite de cette erreur, ont dû faire quatre kilomètres de plus, et, dans ce maudit pays, quatre kilomètres, cela compte ! Nous avons perdu deux heures.

Après une assez longue halte, pendant laquelle les tirailleurs font le café, et lorsque tous, hommes et convoi, ont rallié, je donne l'ordre, à deux heures et demie, de reprendre la marche en avant. Nous parvenons une heure plus tard à Marokati.

Un détachement du génie voyageait avec moi ; il a eu fort à faire pour ouvrir le passage à l'artillerie. Les hommes, chargés d'outils et surmenés, sont exténués. Ils arrivèrent quand même à l'étape. Ce sont de bons soldats, presque tous très jeunes encore, mais d'une réelle vaillance.

29 mai. — Nous faisons séjour au camp de Marokati, où arrive un convoi de vivres, lequel convoi apporte aussi le courrier. Je reçois de nombreuses lettres de ma famille et d'amis, et c'est une vraie joie, toutes ces lettres sont si affectueuses ! J'ai des journaux pour huit jours et du bonheur pour quinze !

Le 1er et le 2e bataillon du régiment sont réunis sous les ordres du colonel Oudri.

Les hommes ont employé leur journée à se construire des gourbis avec des feuilles de bananier.

30 mai. — Nous ne pouvons encore avancer ; il faut

d'abord débroussailler la route et la rendre praticable. Une compagnie de mon bataillon, la 8e, est aujourd'hui de corvée, employée à ce travail très pénible, sous la direction du génie.

Le nombre des malades augmente. Beaucoup d'hommes se découragent. Un soldat du 40e bataillon de chasseurs s'est suicidé, ce matin, en se précipitant dans la rivière.

Les cas de fièvre devenant de plus en plus graves, on n'entend que discussions sur l'hygiène. Chacun nous préconise l'eau bouillie. C'est peut-être excellent ; mais, sur sept cents hommes de mon bataillon, qui n'ont guère le temps de mettre au feu l'eau à boire, on ne compte que très peu d'indisponibles.

Les instructions du quartier général recommandent de ne prodiguer ni le vin, ni l'alcool ; peine inutile, car ils sont rares. En revanche, dit-on, la quinine serait indispensable, de l'avis des médecins, et à peine commençait-on à en administrer en pilules aux malades, pas à tous.

Aujourd'hui, chaque compagnie a reçu sa provision.

Je note les résultats obtenus : dans une compagnie, le capitaine a distribué préventivement des pilules à ses hommes ; il y a cent huit présents sur un effectif de deux cents ; dans les autres compagnies où la quinine est réservée aux fiévreux ou à ceux qui éprouvent les premiers symptômes du mal, on compte encore plus de cent quatre-vingts disponibles.

La compagnie qui a perdu quatre-vingt-dix hommes est restée, il est vrai, à Majunga pendant vingt jours, où elle a beaucoup souffert.

Nous commençons à maudire les voitures Lefebvre qui retardent notre marche. Celui qui les a inventées est responsable de la lenteur des opérations. Jamais on ne réussira à traîner de tels *impedimenta* jusqu'à Tananarive, à moins de construire une route. Alors, gare la fièvre !

D'après les ordres du général en chef, nous devons traiter avec une extrême douceur les indigènes sakalaves, soi-disant nos amis. Jusqu'à présent, cette amitié ne s'est manifestée que par de mauvais tours.

Les Sakalaves nous refusent des bœufs, même contre argent; ils pénètrent de nuit dans les parcs et volent les animaux qui y sont réunis.

Dans la nuit du 28 mai, ils ont enlevé dix bœufs au 40e chasseurs à pied.

31 mai. — A cinq heures vingt, nous levons le camp; nous marchons en avant-garde de la brigade. Le génie et la 8e compagnie de mon bataillon ont mis en bon état la route. Nous avançons donc facilement jusqu'à neuf kilomètres.

Un officier de réserve, le lieutenant Bénévent, longtemps attaché aux établissements de Suberbieville, m'accompagne et me sert de guide. M. Bénévent parle le hova et le sakalave ; il est d'une conversation fort intéressante et peut rendre de grands services à l'état-major.

Dès que nous sommes campés, non loin d'Amparinampoun, je lui donne mission de se rendre au village, en compagnie de l'officier d'approvisionnement et d'une escouade en armes, et d'acheter au chef sakalave, — chef qu'il connaît, — un certain nombre de bœufs.

M. Bénévent a été bien reçu. On lui a offert une poule, des bananes ; mais le Sakalave, parti pour aller chercher un troupeau que mon envoyé proposait d'acheter, n'est pas revenu. La nuit tombant, M. Bénévent a cru prudent de rentrer au camp sans attendre plus longtemps.

Mes soldats doivent donc se contenter, ce soir, de la viande de conserve.

1er juin. — Temps orageux et chaud. Singulier hiver que l'hiver de ce pays.

Départ, à cinq heures et demie, pour aller camper à cinq kilomètres au sud, sur un plateau appelé « plateau dénudé ». Donc, toute description serait superflue. L'étape a été des plus fatigantes. Nous avons dû nous ouvrir un chemin à la hache et à la serpe à travers les lianes, les roseaux et les bois de bananiers.

Le bataillon arrive à destination à huit heures ; mais à peine a-t-il mis sacs à terre que nous devons marcher en avant, franchir une rivière et reconnaître la rive droite de la Betsiboka. Malheureusement, la rivière est infranchissable, profonde de trois mètres ; nous ne découvrons aucun gué et nous n'avons à notre disposition ni bateaux, ni matériel de pont. A dix heures et demie, le bataillon rentre donc au camp.

Nous sommes près du fleuve. J'entends, à ma grande surprise, un sifflement aigu de bateau à vapeur : la canonnière *l'Infernale* a réussi, en effet, à remonter la Betsiboka jusqu'à hauteur de notre campement. Une petite vedette qui l'accompagne a chaviré : un matelot a péri.

Dans la matinée, la brigade arrive de Marokati. Le lieutenant Bénévent est retourné au village d'Amparinampoun, mais il n'y a plus rencontré personne. Les Sakalaves s'étaient empressés de déménager pendant la nuit. On leur témoigne beaucoup trop de bienveillance, et ils en abusent. Comme ces populations ont été habituées par les Hovas à ne respecter que la force, on n'obtient rien d'eux par persuasion.

Le général en chef semble comprendre qu'il est nécessaire d'en imposer aux indigènes ; il a fait réquisitionner aujourd'hui du riz et du paddy.

Des bœufs ont encore été volés. Les Sakalaves,

n'ayant à craindre aucune répression, s'enhardissent ; ils s'approchent de nos camps avec un animal conducteur ; ils sifflent d'une certaine façon et appellent à eux les troupeaux de nos parcs, qui prennent aussitôt la fuite. Nos soldats sont donc trop souvent condamnés à la viande de conserve, peu appétissante.

2 juin. — Séjour et corvées. Les hommes sont employés, les uns au débarquement d'un chaland de vin, les autres à des terrassements et à la construction d'un pont. Nous n'avons pas mangé de viande fraîche ni de pain depuis huit jours. Nous devons nous contenter de pain de guerre, du reste bien préférable au biscuit. Nous avons des fours de campagne. Sont-ils restés à Majunga ? Pourquoi ne les envoie-t-on pas en avant ? La voiture Lefebvre est non seulement inutile, mais encombrante. Jamais ce véhicule ne suivra sur des routes où les hommes et les mulets ne passent qu'avec peine. Qui diable s'est imaginé d'envoyer des voitures aussi incommodes à Madagascar ? Le défunt colonel F... disait autrefois : « On ne connaît de ministre parfait que le respectable mulet. » F... avait-il donc raison ?

A propos de mulets, on en a laissé un trop grand nombre à Majunga. Ils seraient beaucoup plus utiles que les voitures Lefebvre à l'avant-garde. Les mulets tombés dans les ravins n'ont pas été remplacés. Leurs charges et leurs bâts sont portés par des coolies.

3 juin. — Température accablante. Tous les hommes sont employés à abattre des arbres pour la construction des ponts. Un peloton de la 6ᵉ compagnie traverse la rivière sur un chaland, avec mission de frayer un chemin jusqu'au confluent de la Betsiboka et de l'Ikopa.

Mon officier d'approvisionnement, à la tête de huit hommes armés et de cinquante coolies, est envoyé à Amparihibe pour chercher du bétail. Il réussit à rassembler un troupeau de quatre-vingt-dix bœufs; il en ramène au camp soixante-cinq.

4 juin. — La chaleur est encore plus lourde et la besogne à laquelle mes soldats sont soumis plus fatigante. Ils coupent du bois, font des terrassements et débroussaillent dès la première heure. Les fièvres s'aggravent. Aujourd'hui est mort le soldat Mohamed ben Abekri, à la suite d'un accès pernicieux. Pauvre grand diable, il a bien souffert pendant deux jours. De ma tente entr'ouverte, j'apercevais ce malheureux se contorsionner à l'ambulance toute proche.

On l'a enterré aujourd'hui même. Le lieutenant-colonel Pognard et moi, nous avons conduit le deuil. M. Pognard voulait parler, mais l'émotion l'en a empêché; j'ai donc prononcé quelques paroles : « Mohamed ben Abekri, les tirailleurs ici présents te saluent. Tu es mort pour la France; c'était ton devoir; nous sommes tous prêts à en faire autant. Mohamed ben Abekri, nous te disons adieu ! »

5 juin. — Le pain de guerre commence à s'épuiser ; on attend avec impatience un convoi d'approvisionnement.

Vers onze heures, une musique, — qui se fait bien rare, — nous réveille tous : c'est la fusillade. Les Hovas ont attaqué un petit poste de mon bataillon chargé de garder un chaland sur la Betsiboka. Ils tiraillent toute la journée de la rive opposée. Deux hommes sont légèrement blessés. Affaire sans aucune importance. Le petit poste se met à l'abri et ne répond même pas au feu de l'ennemi.

A cinq heures, arrivent au camp le général Duchesne, commandant en chef, et son quartier général. Revue de mon bataillon, qui a très bonne allure. Le général interroge quelques tirailleurs et paraît satisfait.

Nous étions en première ligne, et nous espérions passer les premiers la Betsiboka ; mais le commandant en chef et le colonel Oudri, tous deux ayant servi dans la légion étrangère, en ont décidé autrement.

La légion marchera avant nous. Dans la soirée, nous devons lui céder, par ordre, les vivres et le pain de guerre dont nous disposons et que nous avons achetés ou conservés difficilement. Cette décision produit mauvais effet dans nos rangs.

6 juin. — La légion passe la Betsiboka vers midi.

LA CANONNIÈRE " L'INVINCIBLE ", A AMBATO

EMBARQUEMENT ET PASSAGE DE RIVIÈRE

Deux sections sont transportées d'abord par la canonnière *la Brave;* elles prennent l'ennemi à revers, tandis que notre artillerie fouille des bois dans lesquels sont retranchés les Hovas.

Je suis l'opération avec ma jumelle de campagne, du haut d'une colline, encore tout désappointé de la déception de la veille, car l'honneur de mener l'attaque nous revenait de droit.

Les obus à balles jettent l'épouvante dans les rangs ennemis. Les Hovas ne tiennent pas, bien que leur position soit excellente ; mais ils n'ont aucune discipline du feu. Ceux que je vois tirailler et fuir sont des réguliers armés de sniders, de remingtons et de martinis. Ils étaient très mal commandés. J'ai remarqué cependant un officier en veston blanc, coiffé d'un casque, pantalon dans les bottes, qui, le fusil à la main, essayait de maintenir ses hommes et qui a tiré sur les nôtres avec assez de précision.

7 juin. — Nous sommes sous les armes à neuf heures; mais nous ne passons la Betsiboka qu'à midi et demi. Trois compagnies sont embarquées sur chalands et sur la *Brave,* et transportées successivement sur la rive gauche. La 5ᵉ compagnie est à bord de l'*Infernale.*

A trois heures et demie, nous nous dirigeons vers Marololo, où nous sommes deux heures plus tard. Nous campons dans les marais, presque dans l'eau. L'avant-garde a déblayé le terrain; mais, hélas! elle n'a pas chassé les moustiques.

Avant de prendre le moindre repos et bien que je sois en nage, — si Marthe me voyait (1)! — je dois veiller à l'installation des petits postes et du camp. A neuf heures seulement, lorsque je suis bien sûr que tout est en bon ordre et que mes tirailleurs ont pris leur repas, je prends le mien. Coucher aussitôt après.

8 juin. — La brigade Metzinger se dirige sur Beratsimanana. Je pars à six heures pour exécuter un mouvement tournant sur Nossi-fiel. Nous marchons sous bois, par des chemins impossibles, où l'ennemi, heureusement fort peu entreprenant, n'a pas songé à nous arrêter. Nous arrivons à Nossi. Le village vient d'être abandonné précipitamment par ses habitants. Le riz est encore sur l'aire; le feu fume encore au foyer.

A l'horizon, pas un Hova armé ou non armé.

Après un repos, et n'ayant rencontré personne, nous partons vers Beratsimanana pour y rejoindre la colonne. Nous arrivons au camp vers trois heures et demie.

Les Hovas, puisqu'ils ne veulent pas combattre, auraient mieux fait de ne pas nous déclarer la guerre. Jusqu'à présent, la campagne de Madagascar est sans

(1) Mme Lentonnet.

intérêt, surtout pour nos jeunes officiers qui ne rêvaient que batailles et actions d'éclat.

Soirée des plus mornes. Peut-être, cependant, rencontrera-t-on l'ennemi demain ?

Sur notre chemin, avant d'arriver au camp, nous avons trouvé aujourd'hui trois cadavres de Hovas. Le major Béchard les a examinés. Ces trois malheureux, blessés la veille, s'étaient traînés jusque-là et y étaient morts.

9 juin. — La nuit a été agitée et inquiète. Vers onze heures, un officier de ronde aux avant-postes, un sous-lieutenant indigène, aperçoit une ombre cherchant à se glisser à la faveur de la nuit à travers les grand'gardes. Il se précipite vers le rôdeur, s'en empare, lie les bras du prisonnier et me l'amène. Cet individu semblait être un officier hova. Un snider qu'il portait m'a été remis ; je le donne à un convoyeur kabyle. Dès le matin, j'envoie mon prisonnier au quartier général.

Reçu hier soir l'ordre de me porter avec mon bataillon et une batterie d'artillerie sur le flanc gauche de la position que les Hovas occupent à Mevatane, c'est-à-dire à l'est. Toute la nuit j'avais rêvé de combats glorieux, de rencontres héroïques et de triomphe pour nos armes. Ce matin donc, à six heures, je prenais le commandement de mon bataillon, tout à fait de bonne humeur, prêt à me mettre en route pour faire une moisson de lauriers.

Nous partons ; mais à peine sommes-nous éloignés que le général Metzinger nous arrête et me fait parvenir de nouvelles instructions : ordre d'occuper une croupe située à trois mille mètres en avant et de se garder à droite, en faisant occuper les crêtes par une escouade ; prendre une formation de combat.

Vers huit heures et demie, nous recevions les premiers coups de feu. Les Hovas, dont nous tournions la gauche, tiraillaient. Deux feux de salve· d'escouade à douze cents mètres les dispersent. Grand désappointement de mes tirailleurs qui, déjà tout heureux de sentir la poudre, s'imaginaient engager une action sérieuse.

L'artillerie se met en batterie sur la croupe indiquée, et, de là, elle bombarde le fameux « nid d'aigle » de Mevatane. Quelques obus à balles et à mélinite ont décidé la retraite précipitée, — soyons polis, — des peu redoutables Hovas.

Impossible d'imaginer déroute plus vertigineuse. Les soldats de Ranavalo, pour éviter les projectiles, se précipitaient à plat ventre ou à quatre pattes, à la grande joie de mes turcos auxquels cette gymnastique sans prestige parut extraordinairement comique.

Mon bataillon ne compte pas un blessé. Le combat est terminé, la victoire complète. L'ennemi, n'ayant

MEVATANE

CIMETIÈRE A SUBERBIEVILLE

pas tenu, n'a pas été tourné ; il nous échappe. Les chasseurs à pied et la légion, qui opéraient à notre droite, sont entrés à Mevatane, où trois beaux canons Hotschkis ont été abandonnés par les Hovas, ainsi que beaucoup de munitions, de vieilles armes et des vivres.

A midi, nous prenons le café.

On cause au bivouac de l'affaire de la matinée. Quelle déception nouvelle ! Les artilleurs seuls ont joué un rôle de quelque importance : ceux des 15e et 16e batteries du 38e. Un de leurs officiers a vu la mort de près : un obus hova a fait sauter son casque.

Dans nos rangs, la mitraille ennemie n'a pas encore sifflé.

Les Hovas occupaient cependant une belle position, ils auraient pu la défendre facilement. Si ces adversaires, qui ne connaissent d'autre manœuvre que celle du demi-tour au pas gymnastique, continuent à lâcher pied, la campagne de Madagascar, bien que très pénible, ne sera pas brillante. Espérons que Tananarive résistera plus fermement. Mais, hélas ! nous ne sommes pas encore à Tananarive !

10 juin. — Repos. Suberbieville, tout proche de Mevatane, est occupé. Quelques indigènes ont tenté d'incendier ces deux localités. Pris en flagrant délit, ils ont été fusillés. Les prisonniers racontent que les obus à mélinite terrifiaient soldats et chefs, et que la mitraille tombait sur eux comme une pluie de grains de riz. Ils se sont enfuis affolés, jetant armes et bagages pour courir plus vite (1).

11 juin. — D'après les instructions du jour, les travaux de route vont commencer sérieusement, car il n'existe que de mauvais sentiers au delà de Suberbieville. Ceux qui conduisent de Majunga ici ne sont, du reste, pas beaucoup meilleurs. Les convois n'arrivent pas régulièrement. La viande fraîche manque surtout. La ration quotidienne est réduite de moitié, de même la ration de pain de guerre. Le café fait à peu près défaut. Il est grand temps que les chalands remontent et apportent les provisions jusqu'à Marololo.

Nos hommes sont terriblement fatigués. Le matin,

---

(1) Mevatane avait été occupé par une compagnie, la 3e, du régiment d'Algérie et par le 40e bataillon de chasseurs, lieutenant-colonel Massiet du Biest.

Tandis que les Hovas, poussant des hurlements à chaque détonation de l'artillerie française, se précipitaient par de véritables sentiers de chèvres au bas du plateau, les chasseurs du 40e s'avançaient de front vers Mevatane et gravissaient les talus escarpés du Rova. Ils espéraient arriver les premiers au sommet et y planter le drapeau français; mais ils furent devancés dans cette escalade par la 3e compagnie du bataillon de la légion étrangère (commandant Barre). La première section de cette compagnie sous les ordres du capitaine Bulot avait mis sacs à terre et s'était élancée d'un pli de terrain très rapproché; elle escalada les rochers et pénétra dans la place, quelques instants avant les chasseurs, fanion tricolore en tête.

dès six heures, ils partent pour la corvée de route; ils se reposent à dix heures sur le terrain, prennent leur repas et se remettent au travail. Ils ne rentrent au camp que vers cinq heures et demie du soir.

La fièvre en abat chaque jour davantage. Si cette vie devait longtemps continuer, personne ne serait épargné. J'ai aujourd'hui été chargé de faire l'inventaire des maisons de Suberbieville avec un sous-intendant et un représentant de M. Suberbie. Nous avons donc passé notre journée à inspecter des cases bouleversées par les pillards ennemis. Tout le mobilier est cassé. N'ont été respectées que l'usine et la maison d'habitation du directeur de l'exploitation des mines d'or, où cependant quelques objets ont été brisés.

Suberbieville en réalité n'existe pas, c'est tout simplement un ensemble de hangars et de cases exclusivement réservés aux employés et ouvriers.

Les environs sont fort tristes et malsains.

12 juin. — Toujours très forte chaleur, et toujours aussi des armées de moustiques. La petite mouche appelée moukafoui est particulièrement féroce. Elle est tenace entre toutes, pénètre partout et se laisse tuer sur la position conquise.

Mes pauvres turcos, venus ici pour combattre, ne sont pas enchantés de se voir transformés en pionniers.

13 juin. — Enfin, les vivres arrivent et aussi les

« gros légumes ». J'ai rencontré aujourd'hui le docteur Eymery-Debrousses, médecin en chef du corps expéditionnaire, le lieutenant-colonel Marmier, directeur du génie, le général de Torcy et tout l'état-major. Le général Duchesne est ici depuis l'occupation de Mevatane, mais on le voit peu.

14 juin. — Un des prisonniers hovas s'était offert comme espion. Mis en liberté, il a disparu et... ne reviendra jamais. On est beaucoup trop indulgent pour les indigènes, qui se moquent des égards qu'on leur témoigne et disent ouvertement qu'ils auront toujours raison devant les chefs contre nos soldats.

15 juin. — Toujours le travail de la route, on ne compte plus ses victimes. Et pourquoi? pour traîner dernière nous les voitures Lefebvre. Celui qui a imaginé de les envoyer à Madagascar est un véritable meurtrier. Les cimetières commencent à se peupler.

Quand donc marcherons-nous en avant?

16 juin. — Un Père Jésuite, ayant habité trois ans Tananarive et faisant partie des missions, dit la messe à l'ambulance n° 1. Le pasteur protestant dit la sienne dans une baraque de la concession, actuellement occupée par la direction du service de santé. Tout l'état-major général et celui du général Metzinger assistent à la messe catholique. La légion étrangère étant restée en arrière, le pasteur n'a pas de clients.

17 juin. — Un tirailleur de mon bataillon, 8ᵉ compagnie, meurt d'accès pernicieux. C'est le cinquième homme que nous perdons depuis Majunga. J'ai prononcé le discours d'usage, et tout a été dit.

Les 5ᵉ et 6ᵉ compagnies, détachées depuis quelques jours à plusieurs kilomètres de Suberbieville, sont rentrées ce soir en bon état. Elles ont été employées au déchargement des chalands.

CHAPITRE IV

TSARASAOTRA.

Aux avant-postes. — Behanana. — Installation à Tsarasaotra. — Reconnaissance du terrain. — Les corvées de route. — Alerte dans la soirée du 28 juin. — Le combat du 29. — A la baïonnette. — Retraite des Hovas. — Arrivée du général Metzinger et du 40ᵉ bataillon de chasseurs. — Combat de Beritzoka. — Les morts et les blessés. — Cérémonie funèbre. — La vie au camp. — Le 14 juillet.

18 juin. — Je reçois l'ordre de partir à trois heures du soir avec deux pièces de canon et un peloton de chasseurs d'Afrique pour aller coucher le soir en avant à Behanana. J'emporte trois jours de vivres. Quelle route ! quels ravins ! quels précipices ! Le sentier est des plus dangereux. Je ne sais comment les mulets, très chargés, ont pu se tirer sans accident de ce mauvais pas.

A la nuit, nous n'étions pas encore arrivés à destination ; enfin, à six heures et demie, l'infanterie, c'est-à-dire mon bataillon, établit son camp, défendu du côté de l'ennemi par un ruisseau dont les bords sont à pic.

Vers sept heures, l'artillerie prend position ; à huit heures seulement, le convoi. Afin que personne ne s'égare, j'avais fait jalonner la route par de grands feux.

A onze heures, chacun étant à sa place et le dîner terminé, je me repose enfin.

19 juin. — Dès la pointe du jour, je veille au passage du ruisseau. Il a été nécessaire de remuer de la terre et de pratiquer une rampe dans les talus.

Je vais jusqu'au village de Behanana, abandonné par ses habitants. Je n'y rencontre que deux vieilles femmes lépreuses horribles à voir et que personne ne soigne, un blessé frappé d'un éclat d'obus dans le ventre et qui n'a pas une heure à vivre, enfin un cadavre, dont les chiens ont déjà rongé les jambes.

Les cases étaient remplies de pady et de paille de riz.

La compagnie Pradal, moins un peloton, restera au village et servira de trait d'union avec une autre compagnie entre mon petit corps d'armée et le quartier général.

Je dois m'emparer du poste de Tsarasaotra que l'on disait, à Suberbieville, occupé par l'ennemi ; mais les Hovas ne se montrent pas. Les patrouilles qui me précèdent reviennent sans en avoir rencontré aucun.

MAGASINS A SUBERBIEVILLE — DÉPART D'UN COURRIER

LE PETIT POSTE Nº 2, EN AVANT DE TSARASAOTRA

Nous occupons donc le village sans coup férir. L'ennemi s'est enfui, abandonnant des provisions diverses, mais pas en quantité suffisante pour nourrir longtemps le détachement assez important que je commande.

20 juin. — Le général Metzinger a pris le commandement de notre avant-garde ; mais il ne le conservera pas. Je suis donc à la tête d'un petit corps d'armée, comprenant les trois armes ; aurons-nous à manœuvrer autrement que la pioche en main? Les soldats de la légion n'appellent plus cet instrument que le « fusil malgache ». J'ordonne repos pour tous, officiers et soldats.

21 juin. — Les hommes nettoient le village et ramassent dans les cases le riz et le manioc. Je suis toujours le mieux portant de mon bataillon. Je ne prends pas de quinine, je résiste à toutes les ordonnances médicales, et ma santé est excellente.

Le camp étant propre et parfaitement installé, je me dispose à reconnaître le terrain aux alentours.

22 juin. — Tous mes hommes disponibles, à l'exception de cinquante, partent à six heures et demie pour fouiller les bois et villages voisins portant les noms baroques de Mandindamba et Antanimbarindrattasoroka. Cette reconnaissance devant être longue et minutieuse, la colonne ne rentrera que demain à Tsarasaotra. Je fais donc bonne garde avec mes cinquante hommes. On ne sait pas ce qui peut arriver !

23 juin. — Les troupes envoyées la veille en reconnaissance sont rentrées le matin, après s'être avancées assez loin sur les deux routes (quelles routes !) qui se dirigent vers Tananarive. Elles n'ont rencontré ni un soldat ni un habitant. Les cases sont abandonnées, et leurs propriétaires ont tout enlevé.

Les Hovas se retirent, croit-on, sur leur capitale, où nous arriverons Dieu sait quand !

Faisons toujours bonne garde.

24 juin. — Les hommes qui ont pris part à la reconnaissance se reposent encore aujourd'hui, car les malheureux sont vraiment fatigués : ils ont marché sac au dos toute une journée, par des chemins affreux ; ils n'ont même pas fait la soupe et n'ont pris qu'un repas froid ; enfin, ils ont passé la nuit à la belle étoile.

Encore si l'occasion s'était présentée de causer, disent les tirailleurs, avec le « beyrout » (poudre) ; mais pas le moindre ennemi à l'horizon.

Pour se distraire aujourd'hui, mes guerriers raccommodent et nettoient leurs effets, qui étaient, du reste, en loques.

25 juin. — Corvée de route pour les hommes.

Je vais à Behanana, escorté par deux chasseurs d'Afrique, rendre visite aux compagnies qui y sont restées. Tout le monde est en bonne santé. Cette promenade matinale me fait du bien. Je rentre à Tsara-saotra à onze heures pour déjeuner, avec un excellent appétit.

Au camp, un tirailleur est mort aujourd'hui d'anémie palustre. J'ai présidé à l'enterrement.

26 juin. — Je surveille mes terrassiers. Une reconnaissance de cent hommes part pour vingt-quatre heures.

Rien à signaler. La vie, ici, commence à devenir monotone.

Dans la soirée, la reconnaissance rentre au camp ; elle a exploré, en moins de temps que celui estimé nécessaire, tout le terrain où l'on supposait l'ennemi occupé à établir des retranchements.

27 juin. — Repos si absolu, calme si plat que je redeviens pêcheur à la ligne. Je n'ai pas perdu ma journée : j'ai pris un poisson.

28 juin. — Travaux de route. Des espions affirment aux officiers du service des renseignements qu'une armée ennemie venant de Tananarive marche contre nous. Ordre d'envoyer de nouvelles reconnaissances dans diverses directions ; ces reconnaissances devront durer trois jours ; le deuxième jour, des patrouilles de vingt-cinq hommes pousseront hardiment le plus loin possible. Cette décision est peut-être imprudente en pays aussi accidenté et aussi inconnu. Quel effet, en

France, si une de ces patrouilles tombait dans une embuscade et était massacrée !

En attendant, je dois, moi chef de bataillon, faire ici, comme en garnison, une besogne de bureau qui ne me va guère. Je paperasse toute la soirée, je note mes élèves caporaux. Je viens d'écrire près du nom de l'un d'eux : « Bon », lorsque j'entends tout à coup : pif ! paf ! Des balles sifflent et ricochent dans le camp. Je sors aussitôt et je vois qu'un de mes petits postes, le poste n° 2, est attaqué. Ma montre marque huit heures trois quarts. Une patrouille est envoyée en soutien ; mais la fusillade s'éteint. J'apprends, peu après, que trois cents Hovas environ sont venus tirailler tout près de mes hommes, qui, malgré leur petit nombre, — dix en tout, — ont fait bonne contenance. L'ennemi s'est retiré, mais pas loin. On entend du petit poste les Hovas aller et venir et causer.

Je me tiens sur mes gardes ; tous les hommes sont derrière les faisceaux et restent prêts à marcher jusqu'au coucher de la lune. A dix heures et demie, chacun rentre chez soi. La nuit est belle, et rien n'en trouble plus le silence.

29 juin. — Ouf ! c'est fini ! Quelle affaire et que de transes pour celui qui commande et qui est responsable vis-à-vis de ses chefs et vis-à-vis de la France du sort des soldats à lui confiés ! Quelles inquiétudes avec mes deux cents hommes attaqués par douze cents, peu à peu cernés, et quelle impatience de ne pas voir arriver le renfort demandé !

Enfin, tout s'est bien passé !

A cinq heures et demie du matin, donc, assez préoccupé, j'étais allé moi-même visiter le petit poste attaqué la veille au soir. J'aperçus alors un fort parti ennemi qui se massait dans un ravin situé au sud de Tsarasaotra, à environ 500 mètres.

La 6ᵉ compagnie prit immédiatement les armes, la section d'artillerie amena ses pièces et les mit en batterie ; le peloton de cavalerie, laissant ses chevaux au piquet, combattrait à pied sous les ordres de son chef, le lieutenant Corhumel.

La 6ᵉ compagnie occupait la face sud du camp avec ce peloton de cavalerie. Une demi-section, commandée par l'adjudant Charretier, fut envoyée en arrière pour occuper la face nord-est, de façon à battre un ravin.

A cinq heures trois quarts, l'ennemi ouvrait le feu au sud ; des feux de salve furent exécutés de notre côté au commandement et lentement, par escouade.

L'ennemi manœuvre et cherche à tourner la position. A six heures un quart, il attaque vigoureusement la face est. Nous lui répondons par des feux de salve. Le petit poste n° 2 se replie sur Tsarasaotra.

La section d'artillerie se met en batterie face à l'est.

Pour la première fois depuis le début de la campagne, les Hovas tiennent bon et sont assez bien commandés; ils veulent évidemment nous envelopper. Les balles pleuvent. Mes turcos sont embusqués, aussi abrités que possible. Les tireurs hovas visent les officiers. A sept heures, le lieutenant Augey-Dufresse est debout derrière sa section; il va commander un feu de salve, lorsqu'une balle le jette à terre. Ce jeune et brave officier, vers lequel se précipitent aussitôt deux hommes, est atteint au flanc. Blessure mortelle. On le transporte à l'ambulance. Le capitaine adjudant-major Maheas remplace de sa propre initiative M. Augey-Dufresse et rassure les soldats de sa section, un instant très impressionnés.

La situation est assez critique. J'ai fait avertir en arrière de l'attaque des Hovas; mais je n'ai à compter que sur moi-même, et l'ennemi, grâce à une énorme supériorité numérique, continue, sans être inquiété, son mouvement tournant. Il est temps d'aviser.

J'ordonne à trente tirailleurs, sous les ordres d'un sergent, de marcher vers l'emplacement du petit poste n° 2, abandonné au début de l'action, et d'exécuter dans cette direction une charge à la baïonnette. L'artillerie prépare l'attaque en précipitant son tir. Le capitaine Aubé, de l'état-major du général en chef, officier d'infanterie de marine, présent à Tsarasaotra, se joint volontairement au petit détachement que je lance en avant et le dirige avec beaucoup d'intelligence et de courage.

En même temps, de la face sud, la 2ᵉ section de la 6ᵉ compagnie se porte contre l'ennemi, elle aussi à l'arme blanche. Ces deux charges combinées et bien menées jettent immédiatement l'hésitation dans les rangs de l'ennemi. Non seulement le mouvement offensif des Hovas est arrêté, mais ceux-ci reculent et bientôt s'enfuient vers l'est et vers le sud, poursuivis par nos balles et nos obus.

Tous mes soldats sont superbes d'entrain : turcos, chasseurs d'Afrique, artilleurs. Les cavaliers du lieutenant Corhumel, appuyés par une demi-section de tirailleurs, ont fait le coup de feu comme des fantassins.

Au milieu d'eux, tout près du lieutenant, qui voyait le feu pour la première fois, a été frappé mortellement le caporal Sapin, de mon bataillon.

Pauvre garçon ! excellent troupier, je venais de le placer moi-même, quelques instants auparavant, au poste dangereux où il est tombé.

Vers dix heures, sont arrivés de Behanana la 7ᵉ compagnie et un peloton de la 5ᵉ, que j'avais appelés en toute hâte, dès les premiers coups de feu.

Cette troupe fut aussitôt envoyée à l'est pour relever les trente hommes du capitaine Aubé. Un peloton de la

7ᵉ, sous les ordres du lieutenant de Granrut, poussa une reconnaissance assez loin et eut l'occasion de tirer encore quelques feux de salve sur l'ennemi en pleine retraite.

Les Hovas s'établissent sur des hauteurs situées à 7 kilomètres de Tsarasaotra, à 800 mètres au sud d'un endroit désigné sur notre carte sous cette appellation : Bon campement (1).

A midi, tout est terminé.

D'après les prisonniers, nous avons eu affaire à douze cents hommes. L'ennemi a perdu beaucoup de monde.

Nous avons tiré 7,655 cartouches.

De notre côté, deux morts et six blessés. Le lieutenant Augey-Dufresse, frappé à sept heures, a rendu le dernier soupir à une heure et demie de l'après-midi ; cruelle agonie. Un artilleur seulement a été blessé.

Le lieutenant indigène Kacy, chargé de faire une reconnaissance sur le terrain de l'action après le combat, a compté trente-six cadavres hovas abandonnés ; il ramène quatorze prisonniers, rapporte vingt-neuf fusils et quelques zagaies.

Pendant la fusillade, j'allais d'un groupe à l'autre, recommandant aux hommes de ménager leurs muni-

(1) Les Hovas s'étaient retirés sur les hauteurs de Beriza. (Voir la carte.)

tions. Je n'ai jamais vu mes tirailleurs d'aussi bonne humeur. Grande joie pour eux de faire parler la poudre. Ils n'avaient pas l'air de se douter qu'à un moment de la matinée leur chef craignait fort d'être entouré.

Quel soulagement pour moi, lorsque je vis l'effet produit par les deux charges à la baïonnette! Je respirai alors d'autant plus à l'aise, que je n'étais réellement qu'à moitié rassuré et que je gardais pour moi toutes ces craintes; je les renfonçais de mon mieux, afin que personne ne lût sur mon visage une émotion.

Au milieu du combat, le caractère de l'homme se modifie, surtout celui du chef, qui ne doit pas éprouver de pitié et dont le cœur se cuirasse. On venait m'annoncer: Un tel est blessé. « Bien, répondais-je, portez-le en arrière. » — « Le lieutenant Augey-Dufresse est gravement atteint. » — Même réponse. Est-ce égoïsme? est-ce insouciance en présence du danger? Je ne sais ; mais je ne pensais alors qu'à mon commandement.

Je ne suis redevenu humain que plus tard, lorsque la retraite de l'ennemi fut définitive. Encore avais-je à craindre un retour offensif. Les prisonniers hovas assuraient que leur corps précédait une armée nombreuse, avec de l'artillerie. Mes reconnaissances signalaient, d'autre part, de grands mouvements de troupes malgaches.

A dix heures du soir est arrivé le général Metzinger,

venant de Suberbieville à notre secours avec cinq cents hommes environ du 40ᵉ bataillon de chasseurs à pied et quatre canons.

Courte entrevue et félicitations. Demain matin, on attaquera l'ennemi.

30 juin. — Dès six heures, nous étions en marche pour aller donner l'assaut aux positions hovas sur le mont Berizoka, à 7 kilomètres du camp de Tsarasaotra. Aujourd'hui je ne commande plus, et vraiment j'aime mieux cela. Je suis le combat en amateur.

L'avant-garde est formée par un peloton de la 5ᵉ et un peloton de la 8ᵉ compagnie, qui n'ont pas été engagés hier. Cette avant-garde reçoit l'ordre d'occuper un mamelon où doit s'établir l'artillerie. Elle s'avance, conduite par le capitaine Aubé, et remplit vivement sa mission. Elle doit ensuite attendre et prendre position à l'extrême gauche de la ligne d'attaque formée par les chasseurs, et dessiner le mouvement enveloppant. Objectif : le camp hova de droite.

Le terrain devient très difficile. Au passage d'un ravin, la compagnie improvisée est accueillie à coups de fusil sur son front et sur son flanc gauche. Le caporal Camisard, qui dirigeait les éclaireurs, est blessé presque à bout portant (1). Les deux sections ripostent

(1) Le caporal Camisard, grièvement blessé, fut décoré de la médaille militaire.

par des feux de salve et continuent à s'avancer à travers tous les obstacles.

Le terrain devient presque impraticable, et lorsque arrive le moment décisif de l'assaut, les unités sont bientôt confondues. Chasseurs et turcos se mêlent. Cependant, les Hovas qui occupent le camp et qui ne voient pas nos soldats ne les croient pas aussi proches. Lorsque les premiers tirailleurs surgissent devant un petit poste d'une vingtaine d'hommes, ceux-ci prennent la fuite au grand galop de frousse. Cinq ou six des leurs sont culbutés à la baïonnette ou à coups de revolver.

Les sections sont ralliées le plus rapidement possible, et dirigent des feux de salve entre huit cents et mille mètres sur les Hovas qui dégringolent dans les ravins.

Les tirailleurs prétendent en avoir vu tomber beaucoup, parmi lesquels un individu vêtu à l'européenne.

Les chasseurs, de leur côté, ne restent pas en arrière, et, malgré la fatigue de la marche forcée de la veille, bien que la majorité des hommes du 40ᵉ bataillon soient de très jeunes soldats, ils se montrent de vrais et bons Français, entraînés par la charge comme aux beaux jours de nos grandes guerres.

Tout le monde, du reste, a fait son devoir. A signaler particulièrement, parmi les Français de mon bataillon : le sous-lieutenant Zaigue, les sergents Chéreau, Brochet, arrivés les premiers sur la position, enfin le caporal Camisard.

La 5ᵉ compagnie a brûlé 1,736 cartouches ; la section du lieutenant Grass était sous les ordres du lieutenant-colonel Massiet du Biest du 40ᵉ bataillon de chasseurs ; la 7ᵉ, en réserve, n'a pas été employée. La 6ᵉ gardait le camp de Tsarasaotra. Aussitôt après l'action, le détachement de Behanana a regagné son poste.

Je me suis tenu pendant le combat, n'ayant ni commandement ni responsabilité, près du général Metzinger, en spectateur.

La journée du 30 comptera dans les annales des Hovas comme défaite : quelle débandade ! quelle terreur ! quelle course au clocher en arrière ! Aussi, de notre côté, quelle ardeur ! Des diables déchaînés. Mes tirailleurs avaient pu jouer de la baïonnette, ils étaient heureux de combattre.

Quant au général Metzinger, il est enchanté. La victoire est complète ; elle produira beaucoup d'effet ici et en France ; les Hovas ont éprouvé de grandes pertes. De notre côté, on ne compte que sept blessés ; deux canons ennemis sont entre nos mains, ainsi que six cents tentes, des objets de toute sorte laissés par l'ennemi dans le camp abandonné; enfin, le « drapeau de la reine (1) ».

A une heure, nous étions rentrés à Tsarasaotra. Mes tirailleurs sont revenus chez eux chargés de butin, chacun ayant pris tout ce qu'il pouvait porter des vêtements, armes, etc., jetés par les Hovas dans leur fuite.

Le soir, à dîner, tandis que mes jeunes officiers, auxquels s'était joint M. Corhumel, lieutenant de chasseurs d'Afrique, qui s'est fort bien conduit pendant ces deux jours, racontaient leurs exploits et les incidents du combat avec un peu d'exagération bien naturelle qui me faisait sourire, moi, vieux soldat de Metz, le général Metzinger nous a envoyé un beau fromage pour dessert. Ce fut un vrai régal.

Le général, retournant le lendemain à Suberbieville, nous annonçait, en même temps, qu'il partirait à la première heure. Nous avons donc été le saluer.

Il y a aujourd'hui juste trois mois, le 30 mars, un punch nous était offert à Orléansville, et les toasts prononcés nous souhaitaient de brillants succès à Madagascar. Nous avons répondu que nous ferions respecter le drapeau, et aujourd'hui, 30 juin, nous avons tenu parole.

(1) Ce drapeau royal, confié par la reine aux troupes dirigées vers Tsarasaotra, a été envoyé en France et déposé aux Invalides à Paris.

Le premier trimestre de la campagne s'est donc bien terminé.

Ier juillet. — Aujourd'hui, triste et imposante cérémonie. Nous remplissons un devoir sacré, en rendant les honneurs militaires dus à ceux qui sont morts pour la patrie sur le champ de bataille.

A six heures et demie du matin, des conducteurs sénégalais, superbes noirs, viennent prendre les cercueils du lieutenant Augey-Dufresse et du caporal Sapin. La compagnie conduit les restes des deux braves jusqu'à la sortie du camp ; les clairons sonnent ; les autres troupes présentes s'alignent aux faisceaux et portent les armes.

Spectacle touchant, profondément émouvant et d'une rare grandeur, en ce lointain pays. Les deux cercueils, portés par des noirs et escortés par mes turcos cuivrés, s'arrêtent quelques instants ; tous les officiers s'approchent, et je dois prononcer des paroles d'adieu. La scène est saisissante, empoignante, et je me sens si impressionné que je suis incapable de discourir. « Adieu, adieu ! mes braves soldats ! Vos camarades ne vous oublieront pas, et vos noms seront inscrits à jamais à l'historique du régiment parmi ceux des braves tombés au champ d'honneur. »

Un roulement de tambour, et le convoi part pour Suberbieville, où les corps seront enterrés et où le général Duchesne assistera à la cérémonie. Là sera dit le suprême adieu.

Le capitaine Giraud de la 8ᵉ compagnie, depuis longtemps souffrant, est entré à l'hôpital.

2 juillet. — Un journaliste parisien arrive aujourd'hui au camp, à Tsarasaotra. C'est M. Tinayre, dessinateur du *Monde illustré ;* il veut retracer sur place les phases des combats du 29 et du 30 juin et prendre des croquis. Il dîne avec nous et veut absolument me photographier et envoyer mon portrait à son journal. Cela ne me plaît pas trop ; je n'ai pas de goût pour le flafla. Je réponds donc : « Nous verrons, à demain ! »

Les mulets vont du matin au soir d'un camp à l'autre, c'est-à-dire de Tsarasaotra au Beritzoka, pour déménager les campements ennemis. Nous avons déjà toute une collection de filanzanes ou chaises à porteurs. Les chefs malgaches qui les ont abandonnées marchent donc maintenant à pied, comme les camarades.

Mes hommes auxquels on a laissé quelque repos, après de rudes fatigues, sont contents. Ils ont moins souffert que le 40ᵉ bataillon de chasseurs (1).

----

(1) A la suite de la marche forcée du 29 juin, de Suberbieville à Tsarasaotra, le 40ᵉ bataillon de chasseurs, qui jusqu'alors avait bien résisté, perdit plus des deux tiers de son effectif. La fièvre décima ses compagnies, et il fut réduit, en moins de trois semaines, à une centaine d'hommes à peine valides.

Un troupeau de bœufs nous est parvenu. La viande fraîche vaut mieux que les meilleures conserves du monde.

3 juillet. — Travaux de route et construction d'un parc à bœufs. J'écris à ma femme et je lui raconte mes journées du 29 et du 30 juin. Tout va bien. Je sais que mes chefs sont très satisfaits de ma conduite sous tous les rapports.

4 juillet. — Le colonel Oudri qui commande le régiment a reçu de moi toutes les pièces relatives aux propositions d'avancement. Il va préparer son travail. Je ne quitterai pas de sitôt l'avant-garde. Nous demeurons à Tsarasaotra. Tous mes hommes sont employés aux terrassements de la route sous les ordres du génie.

Est-ce l'effet du combat du 29? L'état sanitaire s'améliore dans mon bataillon.

5 juillet. — Je vais jusqu'à Behanana inspecter ce poste et les travaux. Je rencontre le colonel Oudri qui vient prendre le commandement de Tsarasaotra. Il ne veut pas me laisser descendre de cheval, et nous rentrons ensemble au camp. En route, il me questionne avec intérêt sur les combats que nous venons de livrer, sur les officiers et sur les hommes.

— Le général Duchesne, me dit-il, est très content de vous. Il va faire un rapport et citer ceux qui se sont

LE CORPS DU LIEUTENANT AUGEY-DUFRESSE
TRANSPORTÉ A SUBERBIEVILLE

SUR LA ROUTE D'ANDRIBA

distingués. Je crois qu'il vous proposera pour le grade de lieutenant-colonel.

Je ne peux réprimer un mouvement de joie, et pour moi et pour les miens.

Le général Duchesne a prononcé sur la tombe des deux braves tombés à Tsarasaotra le dernier adieu. Voici les paroles du commandant en chef, dont le texte m'a été transmis :

« MESSIEURS,

« Je ne veux pas laisser fermer ces deux tombes sans adresser un dernier adieu au lieutenant Augey-Dufresse et au caporal Sapin, qui viennent de trouver une mort glorieuse au combat de Tsarasaotra. Le lieutenant Augey-Dufresse avait dans sa famille l'exemple des plus mâles vertus militaires : fils d'un amiral et neveu d'un général, ce jeune officier avait de qui tenir et faisait largement honneur au nom qu'il portait.

« Sorti de Saint-Cyr en 1886, il n'avait cessé de se faire remarquer comme un officier hors ligne, rempli d'entrain, donnant toujours le meilleur exemple, et je venais de demander au ministre son inscription d'office au tableau d'avancement.

« Blessé mortellement avant-hier, il a succombé quelques heures après, avec sa pleine connaissance, en soldat sans peur et en chrétien résigné.

« Dans une sphère plus modeste, le caporal Sapin avait su s'attirer l'estime et l'affection de ses chefs par un attachement complet à ses devoirs ; c'est à un serviteur dont le dévouement n'avait d'égal que la modestie, que nous rendons, en ce moment, un suprême hommage.

« A côté d'eux, permettez-moi de saluer aussi les héros obscurs déjà ensevelis dans le cimetière de Suberbieville, ces braves gens qui, sans murmures et sans plaintes, ont fait leur devoir jusqu'au bout et ne se sont arrêtés que terrassés par la maladie et le climat ; eux aussi sont morts au champ d'honneur.

« Mais par delà la mort, il y a l'immortalité, et j'ai confiance que, dans un monde meilleur, Dieu leur donnera la récompense que j'aurais été heureux de leur faire accorder ici-bas.

« Adieu donc, mes chers camarades ; adieu au nom de vos familles encore dans l'ignorance du deuil cruel qui les frappe, adieu au nom des marins et soldats du corps expéditionnaire, adieu au nom du gouvernement, adieu enfin au nom de la France entière dont je suis certain d'être ici l'interprète. »

6 juillet. — Je monte à cheval à une heure. Je vais avec le colonel visiter le terrain du combat de Beritzoka. Nous revenons une heure plus tard pour nous porter au-devant du drapeau du régiment et du lieutenant-colonel Pognard, venant de Suberbieville.

Le lieutenant-colonel, en me voyant, est descendu de cheval et m'a embrassé.

7 juillet. — C'est aujourd'hui l'anniversaire de mon mariage à Alger, en 1877. Combien la séparation me semble plus cruelle ! Il serait si doux de causer longuement et de nous rappeler cet heureux jour ! Bien dispersés maintenant, ceux qui assistaient à la cérémonie !

Tous les moindres incidents de la célébration à la mairie, à l'église, au repas, me reviennent à l'esprit.

Et me voici loin, bien loin, et presque un vieil homme. Comme les années ont passé vite !

8 juillet. — Je suis retourné à Behanana, où j'ai déjeuné avec tous les officiers. Repas trop copieux.

On attend les promotions avec impatience.

Je reçois l'ordre du jour suivant :

« Le général commandant en chef cite à l'ordre du corps expéditionnaire, pour leur belle conduite dans les combats des 29 et 30 juin, autour de Tsarasaotra :

« Service d'état-major. — M. le capitaine Aubé, du service des renseignements, pour avoir sollicité le commandement de la principale contre-attaque, l'avoir dirigée avec la plus grande énergie, et avoir réussi à conserver, jusqu'à l'arrivée des renforts, un point très important pour la défense (combat du 29 juin) ;

« Régiment d'Algérie. — MM. le commandant Lentonnet, pour l'intelligente énergie avec laquelle il a défendu le poste confié à son commandement (combat du 29 juin);

« Le lieutenant Grass, pour être arrivé des premiers sur la crête derrière laquelle se trouvait le second camp hova, s'être jeté avec quelques hommes sur un groupe ennemi qu'un chef ramenait au combat et avoir tué ce chef d'un coup de revolver (combat du 30 juin);

« Le sous-lieutenant Kacy, pour avoir conduit une des contre-attaques et avoir fait subir à l'ennemi des pertes importantes en tués, blessés et prisonniers (combat du 29 juin);

« Les sergents Chéreau, Moktar-ben-Daïd et Brochet; les caporaux Redersdorf et Mohamed-M'Ahmed, pour avoir, des premiers, escaladé une crête rocheuse défendue par un ennemi très supérieur en nombre, l'avoir chargé à la baïonnette et l'avoir coupé de son camp;

« Le caporal Camisard, pour, étant blessé à l'attaque d'une crête défendue par un ennemi supérieur en nombre, avoir poussé son escouade en avant, sans se préoccuper de rester seul (combat du 30 juin);

« 40ᵉ bataillon de chasseurs. — M. le capitaine Delannay, pour avoir poussé la chaîne qu'il commandait jusqu'à deux cents mètres de l'ennemi, sans riposter, et, après quelques feux bien dirigés, l'avoir résolument chargé à la baïonnette (combat du 30 juin);

« 10ᵉ escadron de chasseurs d'Afrique. — MM. le lieutenant Corhumel, pour avoir défendu avec ses hommes à pied une des faces du camp et avoir, par son sang-froid, arrêté l'ennemi qui le prenait d'écharpe (combat du 29 juin); le maréchal des logis Millet, le brigadier Clavere, pour avoir très vigoureusement secondé leur officier de peloton, qui défendait avec ses hommes à pied une des faces du camp (combat du 29 juin);

« 16ᵉ batterie. — M. le capitaine Chamblay, pour avoir, après une longue marche de jour et de nuit, amené sa batterie au combat, en triomphant de tous les obstacles du terrain, et avoir réussi à éteindre par son feu celui de l'ennemi (combat du 30 juin);

« Le maréchal des logis Lesage, pour avoir montré une grande énergie dans la conduite de sa pièce et le réglage du feu, donnant à tous le meilleur exemple de sang-froid et de bravoure (combat du 30 juin) (1). »

9 juillet. — Matin et soir, je vais rendre visite à mes hommes de corvée et je promène mon cheval *Sakalave*. Celui-ci devient paresseux, mais je ne lui laisserai pas le temps de faire du lard. Nous avons

(1) Le capitaine Aubé a été promu chef de bataillon.

Le lieutenant de chasseurs d'Afrique, M. Corhumel, cité à l'ordre du jour pour sa belle conduite, mourut peu après l'affaire de Tsarasaotra.

encore bien du chemin à parcourir avant d'être à Tananarive.

10 juillet. — Le courrier de France est arrivé. Je reçois trois lettres de ma chère femme. Je les lis et relis vingt fois.

Au camp, rien de nouveau. Calme plat.

11 juillet. — Je suis allé à la chasse ce matin et j'ai tué quatorze tourterelles. C'est un gibier très fin.

Occupations militaires de plus en plus monotones. Nous ne savons pas encore à quelle époque nous remarcherons en avant.

12 juillet. — D'après une conversation que j'ai eue avec le colonel, le général Duchesne désire que la route de Suberbieville à Tsarasaotra soit terminée avant le 14. Il faut donc presser les travaux.

Le 14 sera passée une revue à Suberbieville, et le 15 le corps expéditionnaire quitterait cette localité pour reprendre l'offensive le plus tôt possible. Nous marcherions sur Andriba.

13 juillet. — La route est à peu près en bon état. Le général sera satisfait. Tous nos détachements rentrent ce soir à Tsarasaotra afin d'assister demain à la revue. Le bataillon sera donc au complet.

Le bruit court que des partis hovas sont de nouveau signalés aux environs. Tant mieux ! ils trouveraient à qui parler. Nous avons maintenant ici deux bataillons et une batterie.

14 juillet. — Fête nationale. Dès six heures, les hommes sont prêts, bien brossés et aussi astiqués que possible, tous propres. La bonne tenue en campagne est un signe de discipline.

A sept heures, le colonel passe la revue, très rapidement, après laquelle défilé au son de la nouba.

Le colonel Oudri nous exprime à tous sa satisfaction et m'invite à déjeuner. Le général a envoyé quelques conserves, un peu de champagne et du tabac. Le repas est plein d'entrain. Vers dix heures, le général Metzinger vient nous surprendre; il est rayonnant et nous annonce sa nomination au grade de général de division.

On ne sait encore rien des autres récompenses.

Des jeux ont été organisés au camp pour les soldats, dont l'ordinaire est un peu amélioré.

Ceux qui défilent aujourd'hui à Longchamps devant le Président de la République pensent-ils un peu à nous? L'année prochaine, ce sera peut-être notre tour de défiler devant les Parisiens.

Avant de nous quitter, le général Metzinger me prie de recevoir à notre popotte M. Durand, officier de réserve, parlant le malgache et servant d'interprète.

Le soir, le colonel Oudri étant invité par le général, nous dînons avec le lieutenant-colonel Pognard. On ne connaît encore que de rares promotions : le capitaine Bulot est nommé chevalier de la Légion d'honneur, le lieutenant Vigarozy nommé capitaine.

ARTILLERIE DE MONTAGNE EN ROUTE VERS ANDRIBA

COMMANDANT D'UN POSTE DE L'ARRIÈRE

CHAPITRE V

ANDRIBA.

Comment on fait la route. — Pénibles corvées. — Je suis nommé lieutenant-colonel. — Départ du camp de Beritzoka. — Recrudescence de maladies. — Une visite du général en chef. — Camp de Marakoloy. — Camp de la Cascade. — Devant Andriba. — Combat d'artillerie. — Les Hovas évacuent leurs positions. — Le 200ᵉ. — Toujours les terrassements. — La colonne légère.

15 juillet. — Nous partons à six heures pour aller camper à environ quatorze kilomètres derrière le Beritzoka ; nous arrivons à notre nouveau camp vers dix heures un quart. Mes hommes, aussitôt après avoir formé les faisceaux et mis sac à terre, construisent des gourbis pour s'abriter. Nous sommes à l'extrême avant-garde, mais malheureusement pas pour longtemps : deux ou trois jours au plus, c'est-à-dire le temps de construire un bout de route. Nous serons ensuite remplacés par les chasseurs et la légion, qui continueront le travail jusqu'à Ampasiry

Avant de partir, le bataillon a laissé à Behanana et à Tsarasaotra quelques hommes fatigués ; il compte cependant encore 668 combattants ; la légion n'en a plus que 500, et le 40ᵉ bataillon de chasseurs 400.

De six heures du matin à huit heures, surveillant la bonne installation des troupes, je n'ai pas pris un instant de repos.

16 juillet. — Ce matin, à six heures et demie, j'ai distribué à chaque compagnie son travail. Tout, d'après les instructions reçues, doit être terminé le 18.

Un ordre général arrive. Il nous fait connaître les récompenses accordées au régiment d'Algérie à l'occasion du 14 juillet : un capitaine nommé chef de bataillon, deux lieutenants nommés capitaines, ainsi que le lieutenant Corhumel, des chasseurs d'Afrique, qui combattait avec nous à Tsarasaotra. C'est peu !

J'avais demandé cependant beaucoup plus pour mes braves officiers et soldats. Pas une croix ! pas une médaille ! Attendons, patientons ! Je crois qu'on m'a promis plus de beurre que de pain. Ce n'est pas la première fois.

17 juillet. — Rien de saillant à noter. Toujours mêmes promenades jusqu'à la route, même surveillance. Les travaux sont poussés activement, mais bien lents quand même.

Sur les plateaux où nous campons, le vent souffle

très violemment et le temps se rafraîchit beaucoup, surtout la nuit. Le thermomètre marquait 17 degrés dans la soirée. Le moment est venu, de l'avis des médecins, de porter de la flanelle.

18 juillet. — Le travail de la route était terminé dans le délai voulu ; mais les troupes en arrière n'étant pas prêtes, nous restons en place jusqu'à nouvel ordre. Nos soldats ont accompli une besogne extrêmement dure. Nous sommes en effet sur le plus haut plateau du Beritzoka, et ils ont taillé dans le roc à flanc de coteau pour descendre dans la vallée.

19 juillet. — On continue la route plus avant. Les hommes travaillent avec une rare énergie. Je leur laisse la soirée libre. Il n'en faut pas davantage pour réjouir ces grands enfants.

Ce soir donc, vers cinq heures, les corvées rentrées, j'étais occupé à ma correspondance, quand un cavalier du 1er chasseurs d'Afrique s'est arrêté devant ma tente, est descendu de cheval et m'a remis une petite enveloppe.

J'ouvre et je ne peux en croire mes yeux. Je lis : je suis nommé lieutenant-colonel. Lieutenant-colonel ! Que de chemin parcouru depuis ma promotion au grade de caporal, en 1859 !

Ce que c'est que l'homme ! Il y a deux jours, j'étais chagrin, voyant tout en noir. Aujourd'hui, je jubile.

Ma joie est d'autant plus grande que, depuis cinq jours, je n'avais plus aucun espoir. Quel bonheur pour les miens, pour ma famille! Comme ils vont être fiers de moi!

J'en tremble, quand j'y pense... d'émotion, bien entendu!

Tous mes officiers viennent me féliciter et me témoignent le plaisir sincère que leur cause ma nomination. Il fait bon de se voir aimé. Je ne regrette qu'une chose, c'est que tous ceux qui ont mérité de l'être ne soient pas récompensés en même temps que moi. Espérons que ces récompenses ne se feront pas attendre trop longtemps.

20 juillet. — Encore une journée de félicitations. Je ne le cache pas, je savoure mon bonheur. Je ne pensais guère, en 1870, lorsque je fus promu sous-lieutenant, âgé de vingt-neuf ans, parvenir jamais au grade de colonel. Je ne dois cependant mon avancement ni aux protections ni aux courbettes.

21 juillet. — Reçu encore aujourd'hui de nombreuses félicitations verbales ou par écrit. On me demande déjà pourquoi je n'ai pas de galons. Je réponds qu'il s'agit bien de cela. Mes galons n'importent guère.

Pas de nouvelles de l'ennemi. On assure maintenant qu'il s'est retiré fort loin du côté d'Andriba, et que nous ne le rencontrerons pas de sitôt.

22 juillet. — Le docteur, qui a conduit à l'hôpital de Suberbieville le pauvre capitaine Giraud, revient et a eu la bonne idée d'apporter du champagne. Nous arrosons ma nomination. Cette petite fête intime a été très cordiale.

23 juillet. — Le nouveau capitaine Vigarozy est envoyé à Suberbieville, avec mission de rapporter ici des effets pour les hommes, la plupart déguenillés lamentablement.

On attend l'ordre de départ.

24 juillet. — Rien de particulier. Le colonel Oudri quitte le camp pour aller camper en avant ; il emmène avec lui le 1er bataillon et le lieutenant-colonel Pognard. Je reste seul ici avec mon bataillon.

Il est question de faire passer en tête désormais la 2e brigade, celle du général Voyron, qui a dû rejoindre le général Duchesne à Suberbieville.

25 juillet. — J'apprends que le général Metzinger est au Beritzoka. J'ai enfin mes galons, je vais les inaugurer et les présenter à mon chef. Je dois avouer qu'ils me font un peu loucher. Je ne puis m'empêcher de les regarder.

Le général m'a bien reçu ; il m'a fait connaître que nous partirions dimanche 28.

26 juillet. — J'accompagne le général Metzinger qui passe l'inspection des travaux de route. Tout sera ter-

miné ce soir. Demain samedi repos, et en route dimanche comme des mécréants que nous sommes.

Je reçois d'Algérie une lettre de M. T..., notaire à
Milianah, m'envoyant une somme de cinquante francs
pour mes hommes. Touchante attention. J'écris aussitôt de chauds remerciements.

27 juillet. — Journée employée aux travaux de
couture et de propreté. Les mulets vont se ravitailler
au grand camp du Beritzoka, j'évacue vingt et un
hommes malades, dont onze de la 8e compagnie. Cette
unité, la seule de mon bataillon qui ait stationné quelque temps à Majunga, a déjà laissé cent hommes en
arrière. Quinze sont morts. Les soldats encore valides
de la compagnie sont démoralisés, l'un d'eux s'est suicidé hier (1). Le malheureux n'est pas mort sur le coup,
il succombe le lendemain. Mes officiers et moi, nous
feignons de croire qu'il est victime d'un accident, afin
qu'il n'y ait pas contagion et aussi pour rendre les honneurs au défunt.

Les suicides sont très rares dans le régiment de
tirailleurs algériens ; ils sont au contraire des plus fréquents dans la légion. En trois jours, on n'a pas compté
moins de six légionnaires qui se sont donné la mort.
Hier, un s'est pendu, un autre s'est fait sauter la cervelle.

(1) Les suicides furent nombreux en juillet, août et septembre
dans le corps expéditionnaire de Madagascar.

28 juillet. — Nous quittons le camp, après y être resté neuf jours et avoir construit huit bons kilomètres de route. On se bat maintenant contre des pierres, la pelle et la pioche en main. Le froid est parfois très vif sur les hauteurs. Nous nous arrêtons au camp de la Falaise. Nous avons rencontré le 3e bataillon du régiment, celui du commandant Debrou, et le 1er bataillon, celui de la légion. Tous deux font des terrassements.

Nous resterons ici, assure-t-on, cinq jours, puis nous irons en avant pour recommencer plus loin la même besogne, sans apercevoir l'ombre d'un Hova, sans tirer un coup de fusil.

Aucune émotion salutaire ne vient réagir contre l'ennui croissant, contre un véritable spleen qui s'empare de beaucoup.

Le camp où nous sommes installés est pittoresque, situé près d'un ravin couvert de bambous, au fond duquel coule un beau ruisseau limpide. Les herbes qui nous entourent s'élèvent jusqu'à trois mètres au-dessus du sol. La végétation est luxuriante, débordante de vie. Des gourbis ont donc été facilement construits. Nous avions tous les matériaux sous la main.

29 juillet. — Ce matin, à six heures, je pars avec mes capitaines, pour jalonner la route à faire. Le temps était beau, mais froid, la campagne balayée par un vent de tous les diables. Nous avions endossé le pale- tot blanc sous le cachou.

Le soir, j'ai visité les avant-postes. Tout est bien. Nous sommes suffisamment gardés et à l'abri de toute surprise. Mes tirailleurs veillent sans relâche nuit et jour. Nous pouvons dormir tranquilles.

30 juillet. — La route avance petit à petit. Je vais aujourd'hui au camp de la légion, où je rencontre le colonel Oudri, comme toujours très affable, mais pas beaucoup plus renseigné que moi sur les projets des grands chefs.

Le temps redevient très chaud, lourd et orageux.

31 juillet. — Nos hommes se lèvent avant le jour et partent aussitôt au travail. Ils sont là soumis à dure épreuve.

Tous — et nous-mêmes donc, nous les officiers ! — maudissent cette route et surtout les voitures Lefeb- vre qui la rendent nécessaire.

Il faudra dresser un jour la liste des hommes morts d'anémie et d'accès de fièvre que cette route plus meurtrière que cent combats a coûté et coûtera. Dans certains corps, le 200ᵉ et les chasseurs, les effectifs sont littéralement fondus. On ne peut plus compter sur eux.

1ᵉʳ août. — L'infanterie de marine va décidément passer en avant et enlever Andriba vers le 15 août, si cela est possible.

La durée des corvées de route est actuellement de quatre heures pour les hommes.

2 août. — Visite du général de Torcy, chef d'état-major du corps expéditionnaire. Il paraît satisfait des travaux et de la tenue de mon bataillon et me félicite; il me complimente également avec beaucoup de bonne grâce sur ma nomination. Si j'en juge d'après quelques paroles qu'il a prononcées, au cours de notre conversation, il n'est guère plus que nous enthousiaste des voitures Lefebvre; il serait d'avis de marcher en avant et toujours jusqu'à Tananarive, sans laisser le temps à l'ennemi de se retrancher.

Nous perdrions certainement moins de monde, en prenant une vigoureuse offensive.

En raison de la difficulté des approvisionnements, les rations sont diminuées. Les officiers supérieurs n'ont plus que deux rations au lieu de trois; les officiers subalternes, une et demie au lieu de deux. Ni pain, ni vin pour personne; mais un vrai soldat doit savoir tout supporter.

Le général Metzinger est venu encore à notre camp; il a félicité lui aussi mes soldats. Encore un qui n'est pas partisan de la route ni des fameuses voitures !

3 août. — Nous avons reçu aujourd'hui le général en chef; il a parcouru le camp et s'est montré enchanté; il l'a trouvé propre et bien installé.

— Je vous fais tous mes compliments, colonel, me dit-il. Et il a ajouté qu'il était très heureux de ma nomination. Je le remercie.

— En vous proposant, répond le général, je n'ai fait que mon devoir.

Le commandant en chef, après encore de bonnes paroles, dont je suis très fier, car il n'en est pas prodigue, s'est dirigé vers le camp du 3ᵉ bataillon.

Mon ordonnance Bauchut ne se tient plus debout. Il est maigre à faire peur. L'anémie le ronge. Je l'envoie à l'hôpital. J'espère qu'il y entre encore à temps et qu'il reverra la France.

4 août. — Le 3ᵉ bataillon travaille à la route en avant de nous et campe près du Randriantana. Je suis allé aujourd'hui jusqu'à la rivière; elle est assez poissonneuse. Promenade agréable dans un beau pays. En rentrant, je me livre cependant à de tristes réflexions sur l'effort qu'il va falloir demander aux troupes pour faire la route à flanc de coteau et gravir les hautes montagnes qui nous barrent le chemin.

5 août. — Ce matin, passe le 1ᵉʳ bataillon. Il se rend à huit kilomètres. Je dois le rejoindre dans deux jours. Le lieutenant-colonel Oudri se tient en arrière avec le convoi formé de voitures Lefebvre. Elles circulent, car la route est maintenant terminée jusqu'à mon camp. Elle ira demain jusqu'au 3ᵉ bataillon.

Les voitures ne sont pas plus chargées que les mulets. Ceux-ci auraient donc suffi et seraient bien moins encombrants.

Un second cheval m'est attribué, en ma qualité de lieutenant-colonel; mais je resterai fidèle à mon « Sakalave ». Le nouveau venu servira de monture à l'ordonnance.

On vient de m'avertir qu'une voiture Lefebvre a roulé au fond d'un ravin. On demande vingt hommes de corvée pour la tirer de là et la hisser sur la route.

6 août. — A six heures et demie du matin passe le général en chef qui se rend à l'avant, afin de presser les opérations. Conversation sans importance de cinq minutes avec lui. Peu après survient le général Metzinger. Demain, nous nous mettrons en route à notre tour.

Mon bataillon est prêt au départ.

Dans l'après-midi, j'offre à mes hommes une distraction inattendue : chasse aux bœufs qui rôdent dans les environs. Trois sont abattus à coups de fusil, puis dépecés. J'envoie un de ces animaux au bataillon de la légion; les deux autres sont distribués à mes compagnies. Les tirailleurs s'empressent de les faire rôtir ; ils sont assurés d'un bon repas pour le lendemain.

7 août. — Journée pénible. Étape très rude par une route à flanc de coteau difficile à gravir. Nous sommes furieux contre le génie et son tracé.

J'arrive à Andjidjié. La légion, qui occupe déjà le camp, se garde bien de le débroussailler. A peine mon bataillon a-t-il mis sac à terre que les 7e et 8e compagnies reçoivent l'ordre de faire demi-tour et d'aller camper entre le 3e bataillon du régiment et le 1er, pour les aider à accomplir plus rapidement le travail de terrassement dont ils sont chargés.

Je tiens à accompagner moi-même ces deux compagnies harassées de fatigue et à présider à leur installation.

Je ne rentre qu'à la nuit à Andjidjié avec le colonel.

8 août. — A peine fait-il jour que mes hommes doivent partir au travail. Ordre de commencer tout de suite. Je fais observer que le tracé n'est pas indiqué.

— Commencez quand même !

Nous commençons ; mais bientôt on s'aperçoit qu'il y a erreur ; nous travaillons à droite, et la route doit passer à gauche. Donc beaucoup de peine inutile.

9 août. — Travaux de la route. Mécontentement général. Aggravation de l'état sanitaire. Les voitures Lefebvre n'avancent pas. Retard partout. Le colonel est très nerveux et trouve tout mal.

10 août. — Le bataillon de la légion n'a pas fini le travail qui devait être terminé ce matin. Les voitures Lefebvre, ne pouvant rouler que sur route, sont encore immobilisées.

11 août. — La 7ᵉ et la 8ᵉ compagnie rejoignent le bataillon ; elles campent au Cira-Cira, et, le jour même, sans se reposer, doivent reprendre la pioche.

12 août. — Le capitaine Vigarosy revient aujourd'hui de Majunga ; il apporte des objets de luxe tels que savons et bougies, enfin du tabac ; mais dans la répartition la légion est, dit-on, favorisée à notre détriment. Elle reçoit aussi des conserves. Nous, rien ou presque rien !

13 août. — Enfin ! le 1ᵉʳ bataillon livre la portion de route qu'il avait à construire. Nous allons peut-être avancer. Les 7ᵉ et 8ᵉ compagnies lèvent le camp.

14 août. — Je pars avec les 5ᵉ et 6ᵉ compagnies. A quelques kilomètres d'Andjidjié, nous rencontrons les deux autres compagnies du bataillon qui sont employées à la construction d'un pont sur le Cira-Cira. Mes tirailleurs, transformés en pionniers, ne paraissent pas très contents de leur nouvelle profession.

Nous arrivons au camp de Marakaloy, où nous occupons les gourbis construits par l'infanterie de marine. Je suis avisé, à six heures du soir, que le général en chef doit arriver le lendemain matin. Ordre de réparer la route, très endommagée aux tournants, et de faire construire un pont sur un ravin.

La route est si étroite, si peu sûre, que les voitures

Lefebvre ne passent qu'à grand'peine. Au moindre écart, elles roulent dans le précipice.

15 août. — De grand matin, je me rends moi-même au travail. Il n'est pas terminé, lorsque paraît le général Duchesne — terriblement en colère! Au camp, vers dix heures, autre tuile. Aucun gourbi n'a été préparé pour le commandant en chef, qui ne paraît décidément pas commode.

Enfin, nous nous expliquons. Le général se calme, et nous finissons par nous entendre parfaitement.

— Quel est votre effectif?

— 687 hommes, mon général.

— C'est très bien, très bien... J'ai écrit, du reste, au ministre de la guerre, et je ne lui ai pas dissimulé que les Français ne résistaient pas au climat de Madagascar.

16 août. — Courte étape de huit kilomètres, mais par la plus affreuse des routes. Cinq kilomètres à gravir presque à pic.

Les voitures n'avancent plus; elles roulent en arrière, quelques-unes dans le ravin. Mes hommes doivent s'atteler, pousser aux roues. Je calcule qu'aujourd'hui le service de chacun de ces odieux véhicules réclame soixante hommes! Enfin, après des efforts inouïs, le convoi parvient au sommet.

Dans la journée, pour la première fois depuis le début de la campagne, le régiment d'Algérie est complètement réuni. Le colonel, d'une humeur excellente, adresse à tous des éloges. Il faut avouer que nos soldats ne les ont pas volés.

Tempête dans la soirée, plusieurs tentes et gourbis sont emportés. Le vent fait rage.

17 août. — Travaux de route. La part de mon bataillon, le plus nombreux, est fixée à 850 mètres. Les deux autres bataillons réunis n'en construiront que 400. Durée fixée pour ce travail par le général : trois jours.

Le commandant en chef visite les chantiers, et, devant moi, il reconnaît que, sur ces pentes, les voitures Lefebvre ne pourront pas circuler.

— Les mulets, ajoute-t-il, monteront les vivres. D'ailleurs, après Andriba, nous renoncerons à la route, plus de voitures Lefebvre, et en avant !

Ces paroles, bien vite répétées, ont causé une joie générale, surtout parmi les hommes.

J'écris à l'un de mes anciens soldats, M. G..., qui m'a envoyé une lettre de félicitations au sujet du combat de Tsarasaotra :

« Camp de Marakolay, le 17 août 1895.

« MON CHER G...,

« Votre aimable lettre du 4 juillet est venue me surprendre agréablement au camp de Andjudjié où, avec mon bataillon, j'étais occupé à faire la route.

Merci de votre bon souvenir; des lettres comme les vôtres font toujours plaisir, et les sentiments français que vous exprimez font bien à entendre. Du camp où nous sommes on aperçoit Andriba, ville hova située sur un pic très élevé et entourée de retranchements en terre, tranchées et fortins. On parle d'une attaque d'ici peu de jours par la 2ᵉ brigade (infanterie de marine); il est probable que la 1ʳᵉ brigade sera aussi de la fête, et que le 2ᵉ bataillon du régiment d'Algérie sera appelé à faire sa partie dans le concert, ce dont je serai enchanté. Mon bataillon, dont j'ai conservé le commandement sur ma demande, malgré mon grade de lieutenant-colonel, appartient : deux compagnies au 1ᵉʳ tirailleurs (province d'Alger) et deux au 2ᵉ tirailleurs (province d'Oran).

« Tout ici irait à souhait si on ne se trouvait dans la nécessité de faire une route au milieu de toutes les difficultés de terrain; aussi nous sommes, dans ce moment, à 750 mètres d'altitude. Jugez ce qu'il a fallu de coups de pioche pour s'élever ainsi; on croit en France que c'est le génie qui fait la route, mais, le malheureux, il lui faudrait dix ans, et encore il n'y arriverait pas! Nous sommes, à la date de ce jour, neuf bataillons échelonnés les uns derrière les autres et à des distances variant de quatre à cinq kilomètres. Je suis enchanté de ma santé, je n'ai pas eu un moment de malaise, même pendant la traversée. Je voudrais bien qu'il en fût ainsi de tous nos hommes, surtout les Français, qui supportent très mal le climat terrible de Madagascar. Les Arabes résistent mieux; aussi mon bataillon, qui compte 690 hommes sur 800, est-il le plus fort du corps expéditionnaire.

« Si la route et la voiture Lefebvre disparaissent, ce qui est probable après la prise d'Andriba, nous serons tous très heureux; cela permettra à nos braves soldats de prendre un peu de repos, ce dont ils ont grand besoin.

« Je termine en vous serrant cordialement la main.

« Bien à vous.

« *Signé :* LENTONNET.

« Je vous écris sur mes genoux ; le vent souffle tellement fort que ma tente a été déchirée cette nuit et que je suis en plein air. »

18 août. — Les mulets font le service du transport des vivres : un sac à droite, un sac à gauche; ils portent chacun cinquante kilos.

En me promenant dans les chantiers, j'apprends qu'une compagnie de Sakalaves et un peloton français ont enlevé Soavinandriana (1). Un des nôtres a été blessé. Huit Hovas tués sont restés sur le terrain ;

(1) Soavinandriana est situé à quinze kilomètres d'Andriba, dans la vallée de Kamolandy.

quelques fusils et de grandes quantités de paddy sont tombés entre nos mains.

Dans la soirée, le colonel commandant l'artillerie du corps expéditionnaire examine la route afin de s'assurer que les pièces de 80 de campagne pourront y passer et rouler au moins jusqu'à Andriba.

19 août. — Il faut absolument finir le travail aujourd'hui. Aussi les heures de corvée sont-elles doublées.

A cette corvée de route vient enfin s'en ajouter une autre vraiment lugubre : vingt hommes de mon bataillon sont commandés pour aller creuser des fosses près de l'ambulance de campagne afin d'y enterrer les morts.

Quel contraste ! ils ont pioché et manié la pelle toute la matinée pour construire une route, pour amener la vie dans un pays, et maintenant ils travaillent pour les morts ! Le nombre des victimes devient effrayant. Malgré les fatigues, malgré la maladie, pas de repos. Nous partons demain.

20 août. — Après trois heures de marche, — trois heures pour parcourir sept kilomètres ! — nous arrivons au camp de la Cascade, où se trouvait la 2ᵉ brigade. Le 1ᵉʳ bataillon pousse un peu plus loin.

Les deux bataillons de turcos sont affectés aujourd'hui au service des voitures Lefebvre ; ils ont dû les traîner, les hisser, les descendre, les rehisser, par des chemins en lacet, côtoyant des ravins sur des pentes vertigineuses.

Le quartier général a voulu passer en avant quand même, malgré l'encombrement de la route. Nous sommes restés sous un soleil de plomb de neuf heures à deux heures. Deux batteries de montagne sont arrivées au camp, près duquel s'élèvent des retranchements hovas abandonnés sans combat.

Le vent souffle toujours en tempête.

21 août. — Une heure de marche, puis campement. A onze heures seulement, les voitures sont parquées. Un ordre de mouvement prescrit à la 2ᵉ brigade de se porter en avant et d'enlever les positions ennemies d'Andriba. De la hauteur sur le flanc de laquelle nous sommes établis, on aperçoit un camp hova, deux forts et des tranchées. Il est dix heures du matin.

A deux heures, le camp a disparu, mais les retranchements sont toujours occupés. Nous n'avons entendu ni un coup de canon, ni un coup de fusil.

Il est dur de savoir que l'on se bat à côté et de rester sans rien faire. Quel guignon! La 1ʳᵉ brigade ne marche pas.

La 2ᵉ a pris Ambontana, presque sans résistance; un Sakalave tué, un blessé (1).

(1) Les Hovas occupaient une ligne de fortifications dont la droite s'appuyait à trois camps fortifiés sur la montagne de Krian

22 août. — Le matin, les Hovas ont évacué leur camp. Les fortins et retranchements sont maintenant occupés par nos troupes. Quel singulier peuple que ce peuple hova! Il travaille, il remue de la terre pendant un mois, puis, le jour de la bataille venu, il lâche pied sans combattre.

Ce matin, l'unique bataillon du 200ᵉ de ligne encore en état de suivre est passé près de nous. Ce bataillon est sous les ordres d'un énergique officier, M. de Franclieu, que j'ai connu autrefois capitaine au 1ᵉʳ zouaves. Les deux autres bataillons, qui comptaient chacun plus de huit cents hommes au départ, sont réduits à cinquante ou soixante.

Le bataillon de Franclieu lui-même n'en compte plus que trois cents, qui n'iront pas tous jusqu'à Tananarive. Ce malheureux 200ᵉ, composé de jeunes soldats, a donc été presque entièrement anéanti. C'est épouvantable! Il n'a cependant pas encore combattu.

Un caporal cassé du régiment d'Algérie du cadre français, n'ayant pu suivre et qui a été rencontré par le 200ᵉ, est mort sur la route. Il était tellement jauni

drerizina et la gauche au pic d'Andriba. Une première ligne de tranchée et le village d'Ambontana furent emportés dans la matinée par la brigade Voyron. A deux heures, les Hovas recommençaient le feu; mais nos batteries ripostèrent. Le combat d'artillerie alors engagé dura près de trois heures. Les obus à la mélinite imposèrent enfin silence aux canons hovas.

par la maladie et par le soleil que les officiers et les soldats de la ligne l'ont pris pour un Arabe.

23 août. — Le colonel inspecte aujourd'hui les chantiers de la route. Après lui, vient le général, qui nous donne un ordre de départ pour le lendemain. Je vais, en compagnie du colonel Oudri, au camp de la Cascade, pour m'assurer de la possibilité d'une évacuation des malades du bataillon. L'ambulance est installée à la diable; elle recevra mes fiévreux et anémiés; mais, faute de place, ces derniers seront installés sous la petite tente-abri. A certains postes de l'arrière, des malades restent sans médecin. Le corps médical est certes dévoué, mais il ne peut suffire à soigner un si grand nombre de malheureux que ronge l'anémie. Aujourd'hui, plus de la moitié du corps expéditionnaire est indisponible. Le matériel d'ambulance manque partout. A qui incombe la responsabilité de cela?

Dans les cimetières, le long de la route, des croix sont élevées sur les tumulus des soldats chrétiens ou catholiques; un croissant sur ceux des Arabes.

24 août. — Départ à six heures et demie du matin, par un temps glacial et une violente tempête, si forte qu'elle contrarie la marche des hommes et empêche absolument d'avancer ceux qui sont trop faibles, trop anémiés. Ces pauvres gens s'arrêtent en chemin, se couchent à terre. Le convoi les recueille. Cinq sont évacués dans la journée; un sixième est à toute extrémité.

L'étape a été aujourd'hui de six kilomètres.

25 août. — Saint-Louis, c'est ma fête. Je la célèbre en mangeant des patates cuites sous la cendre et arrosées d'eau pure. Ni marche ni corvée. C'est le premier jour de repos accordé depuis un mois à mon bataillon. Encore ce repos n'est-il que relatif, car le vent emporte tentes et gourbis, et on doit les reconstruire.

Le général commandant en chef vient camper au milieu de nous et se montre fort aimable pour mes officiers et pour moi.

Là-bas, à Paris, les miens doivent penser à l'absent, qui, lui non plus, ne les oublie pas.

26 août. — Encore la corvée de route! Les hommes travaillent avec ardeur et bonne volonté; car ils savent que ces travaux sont les derniers.

Le vent souffle toujours très fort. Dans la journée, le feu prend au camp du 200ᵉ, notre voisin; mes hommes courent à l'incendie et l'éteignent avec des branchages.

Les caisses de biscuit ou de pain de guerre arrivent moisies. Les rations sont donc très diminuées.

27 août. — Le 200ᵉ n'a pu fournir aujourd'hui qu'une trentaine de travailleurs. C'est navrant! Les hommes de ce régiment ne tiennent plus debout. Il en meurt deux par jour environ au camp. Le spectacle de ceux qui survivent, hâves, épuisés, à quelques exceptions près, est lamentable.

Le 40e bataillon de chasseurs est encore plus éprouvé. *Aucun* de ses soldats n'a pu se rendre à la corvée. Triste ! triste !

Les voitures du général sont parvenues, non sans peine, jusqu'au camp.

28 août. — Travaux de route. Le vent est toujours aussi impétueux. Un soldat du bataillon meurt dans la nuit. C'est encore un homme de ma 8e compagnie, la seule qui n'ait pas résisté et qui soit décimée par la fièvre. Elle traîne la maladie avec elle depuis Majunga, où elle a séjourné trop longtemps.

29 août. — Nous levons le camp ce matin, pour nous établir à une heure de là sur une pente assez inclinée, où nous sommes à peu près à l'abri du vent. Ce camp prend le nom de camp des Rafias.

Au bas de la côte s'étend un marais. Par prudence, j'ordonne à tous mes hommes de prendre de la quinine. Les mouches malgaches nous dévorent.

La 5e compagnie doit aider le 200e à terminer le travail de route qui lui était confié. Ce malheureux 200e n'en viendrait pas à bout.

30 août. — On nous assurait que les terrassements ne

seraient pas poussés au delà d'Andriba, et mes hommes reçoivent aujourd'hui l'ordre de se remettre au service du génie. Service d'autant plus pénible et dangereux qu'ils manient la pelle et la pioche dans un terrain marécageux et pestilentiel.

Pour se reposer, ils vont en corvée chercher des patates à Vamanga. Triste régal !

Avis m'est envoyé de faire visiter tous mes turcos par le docteur et d'éliminer impitoyablement tous ceux qui ne sont pas en très bon état et qui ne pourraient supporter une marche continue de quinze jours. Cent cinquante-deux hommes sont désignés pour rester en arrière ; il m'en reste cinq cent dix disponibles et vigoureux.

31 août. — Travaux de route, encore et toujours ! C'est désespérant et meurtrier dans la région où nous campons. Le colonel est comme moi d'avis que mon bataillon ne demeure pas plus longtemps près du marais aux pernicieuses exhalaisons et autour duquel voltigent des myriades de moustiques qui nous dévorent et rendent tout repos impossible.

1er septembre. — Aujourd'hui, derniers travaux de route : du moins on nous l'affirme. Vers huit heures un quart, tandis que les hommes piochent avec ardeur, le général Metzinger arrive au camp, et il me donne l'ordre de laisser encore demain cent vingt hommes à la dispo-

DÉTACHEMENT DE TIRAILLEURS HAOUSSAS EN MARCHE

SOLDATS GUÉRIS REGAGNANT LEUR CORPS

sition du génie, munis de quatre-vingt-dix pioches et de trente pelles.

Mon bataillon, se trouvant le plus nombreux, bien qu'il ait été le plus engagé, fait en partie la besogne des autres, celle de la légion et celle du 200ᵉ. Nous ne sommes, du reste, gratifiés d'autres suppléments que de ceux de corvée, et plutôt mal partagés en vivres et distributions de toute nature.

Un journal parisien reçu par le dernier courrier et sur lequel je jette les yeux aujourd'hui m'exaspère; il affirme que les vieux soldats de la légion résistent beaucoup mieux que les tirailleurs algériens. Or, c'est exactement le contraire. Mes turcos ont supporté plus énergiquement les fatigues et les privations que les légionnaires, dont l'effectif réel est maintenant de beaucoup au-dessous de celui de mon bataillon.

2 septembre. — En route à six heures trois quarts. Arrivés à sept heures et demie au camp de la Pierre-levée, où la brigade doit se réunir. Ce camp est beaucoup plus sain que le précédent. La rivière Kamolandy baigne le pied de la hauteur que nous occupons.

Le quartier général est installé ici. Il en résulte pour mon bataillon un surcroît de corvées. Nous préparons le terrain pour ceux qui arriveront demain.

Temps lourd; il pleut assez fort. Serait-ce le commencement de la mauvaise saison si redoutable dans ce pays? Le thermomètre marque trente-cinq degrés.

3 septembre. — Rien de bien sérieux à noter. Arrivée du 3e bataillon du régiment et du 200e de ligne avec son colonel. Tout le monde s'installe sans bruit, sans entrain. Le 200e ne forme plus qu'une poignée d'hommes la plupart malingres, faisant triste mine, l'air désolé.

Pauvres petits soldats! Il serait nécessaire pour les réveiller un peu de les faire marcher avec mes tirailleurs. Les officiers du 200e sont navrés; chaque jour, les débris du régiment laissent en route des malades et des cadavres. Le commandant Franclieu ne se console pas de la perte de ces infortunés conscrits. Il me parle des anciens zouaves!

4 septembre. — Journée de repos complet, pas pour moi cependant, qui ai à m'occuper de paperasseries administratives et plus de quatre-vingt-dix lettres à écrire.

5 septembre. — Encore repos. Temps affreux et lugubre. Il pleut du matin au soir. Si cela continue, les rivières ne tarderont pas à devenir infranchissables.

6 septembre. — Une colonne légère, comprenant tous les éléments encore disponibles du corps expéditionnaire, se mettra définitivement en route dans une huitaine pour franchir les dernières étapes qui nous séparent de Tananarive.

Les malingres sont plus que jamais éliminés, et ils sont, hélas ! nombreux.

7 septembre. — Départ à cinq heures et demie ; nous traversons à gué le Kamolandy. Passage très difficile pour les voitures. Soixante hommes du bataillon doivent rentrer dans l'eau et pousser aux roues.

Nous arrivons à Ambontana à neuf heures, ayant laissé quelques traînards en arrière.

8 septembre. — Départ à quatre heures et demie en pleine nuit. Le temps heureusement est beau et la lune brille. Sur le chemin que nous suivons, nous rencontrons des débris de voitures Lefebvre brisées. Plusieurs ont roulé dans les ravins. Le chargement de quelques-unes est tombé à terre, perdu, gâté. D'autres ont été pillées.

A huit heures, nous arrivons au camp de Mamakomita, après avoir traversé des ruisseaux, des rizières et un pays aussi marécageux qu'accidenté.

Nous avons dépassé le pic fameux d'Andriba, et nous sommes installés près d'un marché. On aperçoit de notre camp une maison brûlée qui appartenait à M. Suberbie, et deux autres maisons que le génie restaure et qui serviront de magasins.

En face de nous, à Magasawina, est installé l'état-major général. Le corps expéditionnaire, ou du moins ce qu'il en reste, se trouve groupé pour la première fois.

9 septembre. — Comme nous devons rester ici au moins quatre jours, mes hommes s'installent comme des propriétaires et, faute de paille, construisent des abris en branchages.

Le soleil est brûlant.

Un tirailleur de la 8e, malade pendant l'étape, est mort en arrivant.

Le général Duchesne nous adresse un ordre du jour dont connaissance est donnée aux troupes :

Ordre général n° 68, du 8 septembre.

« Officiers, sous-officiers, caporaux, soldats et marins,

« Les éléments mobiles du corps expéditionnaire viennent, grâce à d'énergiques et persévérants efforts, en refoulant l'ennemi partout où celui-ci a tenté de les arrêter, d'atteindre l'extrémité sud de la plaine d'Andriba. J'ai décidé de ne pas pousser plus loin le travail de construction de la route carrossable, qui s'imposait jusqu'ici, comme une conséquence inévitable du mode de constitution de nos convois, et de poursuivre les opérations contre Tananarive avec une colonne légère, dotée d'effectifs et de moyens de transport réduits.

« Cinquante lieues de France, à peine, nous séparent de Tananarive. Vingt-cinq environ traversent encore une zone montagneuse et à peu près déserte ; le

reste est en Émyrne, province très cultivée, très peuplée, où sont concentrées presque toutes les ressources
de l'île. Si donc la première partie de la marche nous
prépare encore des difficultés matérielles et des privations, nous pouvons espérer trouver dans la seconde
des facilités relatives et quelque complément de bien-
être.

« Quoi qu'il en soit, la France compte sur nous pour
mener à bien la tâche commencée, au succès de laquelle
ses intérêts et son honneur sont engagés, comme les
nôtres ; elle continue à nous suivre avec une sympathie passionnée, dont les télégrammes du gouvernement m'apportent presque journellement la preuve.

« Vous élèverez vos cœurs à la hauteur des néces-
sités d'une situation qui n'exige plus que quelques semaines d'énergie physique et morale, au terme desquelles vous aurez, outre la satisfaction d'un grand
devoir simplement et laborieusement rempli, celle
d'avoir accompli une tâche que la nature du pays ren-
dait plus difficile qu'on n'eût pu l'attendre ; celle aussi
d'avoir ajouté une belle page à nos annales militaires
et de vous être préparé de glorieux et impérissables
souvenirs personnels.

« La nécessité de proportionner ce dernier effort à
nos moyens matériels, celle aussi de maintenir la chaîne
des transports, si péniblement créée et entretenue,

entre Majunga et Andriba, m'obligent à laisser, ici et en arrière, beaucoup de vous qui aspiraient aussi à l'honneur d'être montés de haute lutte à Tananarive. Je partage le regret qu'ils en éprouvent. J'apprécie très haut les services que nous ont déjà rendus et continuent à nous rendre tous ceux qu'un austère devoir retient, à des titres divers, sur cette longue ligne d'étapes. Je connais leurs énergiques et persévérants efforts, qui, seuls, nous permettent d'entreprendre la marche accélérée qui va nous mener en Émyrne, et je compte que tous nous saurons les poursuivre.

« Je n'oublierai ni les uns ni les autres en faisant connaître au gouvernement au prix de quel dévouement, de quels efforts, de quels sacrifices nous aurons mené à bien notre mission, et la France les confondra dans un même sentiment d'estime et de gratitude.

« Fait au quartier général de Mangasoavina, le 8 septembre 1895.

« Le général commandant en chef,
« Signé : Ch. DUCHESNE.

« Pour ampliation :

« Le chef d'état-major,

« Signé : TORCY. »

10 septembre. — Les hommes se reposent. Le capitaine Mahéas, avec mon ordonnance Nuc et un prisonnier hova, part à la recherche des patates pour notre maigre popote. Il en rapporte quelques-unes.

Après le rapport, explication pénible avec le colonel, auquel le général a écrit que les officiers de mon bataillon se plaignaient d'être moins bien traités par le chef du régiment d'Algérie que ceux de la légion.

A l'avenir, je resterai encore plus chez moi, et on me traitera d'ours si l'on veut.

11 septembre. — Grande distribution d'effets envoyés de Suberbieville. Mes hommes sont à peu près renippés.

Singulier ordre aujourd'hui.

L'ambulance étant encombrée, les corps ne doivent lui envoyer aucun malade qu'en cas d'urgence absolue. Traduction libre : aucun homme ne recevra plus de soins que lorsqu'il sera moribond.

L'effet produit est lamentable.

Demain, revue du général en chef, avant le départ.

12 septembre. — A sept heures, mon bataillon prend position. Les hommes qui ne suivront pas la colonne légère sont placés à la gauche du bataillon. Le général passe sur le front des compagnies et m'exprime sa satisfaction du bon aspect et de la bonne tenue de ma troupe.

Toutes les punitions sont levées.

Après la revue, conseil de régiment tenu pour autoriser deux sous-officiers à rengager.

Je rencontre un peu plus tard le commandant du 40e bataillon de chasseurs, le lieutenant-colonel Massiet du Biest, qui n'a plus sous ses ordres que très peu d'hommes et qui restera à Andriba avec nos malades et nos *impedimenta*.

13 septembre. — Nous partirons demain à cinq heures quarante-cinq du matin. Nos bagages doivent être réduits à leur plus simple expression. Nous n'emportons que le strict nécessaire.

La ration pour les troupes de l'avant est fixée à quatre cents grammes de biscuit au lieu de cinq cents; la boîte de viande de conserve sera répartie entre douze hommes au lieu de quatre. Nous comptons heureusement rencontrer un gibier qui n'est pas rare ici : le bœuf sauvage.

Nous irons comme nous pourrons et nous vivrons de ce que nous trouverons, si les provisions sont épuisées.

Le lieutenant-colonel Pognard reste à Andriba avec tous les indisponibles. Il ne nous rejoindra plus tard, à son grand regret, qu'à Tananarive.

La colonne légère comprend, outre les troupes d'artillerie, du génie, les convois et les débris de l'escadron de chasseurs d'Afrique : 1° le régiment d'Algérie à trois bataillons ; 2° le 3° bataillon du 200°, sous les ordres du général Metzinger ; 3° le 13° régiment d'infanterie de marine à deux bataillons ; 4° le régiment colonial à deux bataillons, sous les ordres du général Voyron.

Au bivouac, notre nourriture actuellement ne varie guère : le matin plat de riz, le soir julienne et haricots, quelquefois des pois cassés et des lentilles. Voici notre dernier menu à Andriba, table des officiers : soupe au pain de guerre ; viande de bœuf ; haricots à la graisse ; purée de patates ; épinards (ces épinards sont des feuilles de patates). Thé et tafia.

Peu de mercantis ont dépassé Suberbieville.

CHAPITRE VI

TANANARIVE.

Ordre de marche. — Journée du 15 septembre. — En avant-garde.
— Un écriteau hova. — Combat des monts Ambohimena. —
Babay. — Combat du 26 septembre. — En vue de Tananarive.
— La ville sainte Ambohimanga. — La journée du 30 septembre.
— Prise de l'Observatoire. — Le bombardement. — Colonne
d'assaut. — Entrée dans la ville. — Les premières semaines de
l'occupation. — La fête du Bain. — Bruits de complots. — La
Noël et le 1ᵉʳ janvier. — La vie à Tananarive. — Départ du
général Duchesne. — Une revue passée par le général Voyron en
présence de la reine.

14 septembre. — Le 1ᵉʳ bataillon est en avant-garde.
Vient ensuite une de mes compagnies avec le général
en chef. Plus de route. Nous avançons par les rochers,
les précipices, les pentes presque à pic, les marais et
les rizières ; tantôt dans l'eau à mi-jambes, tantôt sur
des sommets très élevés. La montagne de Tafofo que
nous gravissons domine toute la campagne ; le coup
d'œil est splendide sur les deux vallées. Nous apercevons au loin les Hovas très nombreux, retranchés dans

les monts Ambohimena, au défilé de Tsinainandry.

Nous campons sur le Tafofo ou Tafou.

Le général en chef réunit à quatre heures les offi ciers supérieurs en avant du front de bandière de la légion et assigne à chacun son rôle pour l'attaque du lendemain. Mon bataillon se tiendra en réserve, rôle passif, quelquefois dangereux, quelquefois même très actif.

15 septembre. — Nous partons au petit jour et au petit bonheur, à cinq heures quarante-cinq. Nous avan çons lentement, car les chemins n'existent pas ; il faut les frayer. Vers neuf heures, on entend la canonnade et la fusillade. C'est la légion qui attaque. Les tirail leurs sakalaves du régiment colonial ont pris à droite pour tourner les Hovas ; ils les surprennent et les char gent à la baïonnette.

Deux compagnies de tirailleurs, 3° bataillon , qui avaient été chargées d'enlever les hauteurs de gauche, déposent les sacs et se dirigent vers les positions en-nemies.

Elles ne les abordent que vers onze heures et demie. La fusillade est alors assez nourrie ; mais l'artillerie envoie des obus, et les Hovas filent au galop. Ils tien-nent encore vis-à-vis de la légion, protégés qu'ils sont par le terrain.

Pour mieux me rendre compte de la situation, je

VUE DE TANANARIVE

rejoins le général en chef et ma 5ᵉ compagnie qui l'escorte. La 6ᵉ compagnie garde l'artillerie de la brigade. Ordre m'est donné d'appuyer le mouvement d'attaque avec le reste de mon bataillon. J'en prends le commandement. En gravissant une pente très raide, quelques obus nous sont lancés. L'un de ces projectiles tombe tout près de moi et de six ou sept hommes de la 7ᵉ compagnie ; il éclate et n'atteint personne. L'artillerie gagne enfin des positions favorables et ouvre son feu utilement. Presque aussitôt, les Hovas, n'étant plus abrités, se hâtent de plier bagage.

Nous déjeunons à midi et demi. Aussitôt après, installation du camp. On découvre sur le terrain un blessé hova.

La légion a perdu : un tué et un blessé.

Étape parcourue : 16 kilomètres.

16 septembre. — Départ à cinq heures et demie. Le bataillon est en avant-garde. Nous rencontrons des redoutes, des batteries, des tranchées abandonnées. Pas un ennemi à l'horizon.

Arrivée à midi à Ambahinoro : 14 kilomètres.

Ordre de faire connaître aux habitants que 50 kilogr. de paddy seront payés 2 fr. 50; un bœuf sera payé 10 francs. De nombreux troupeaux rôdent dans les environs, mais nous n'avons pas le temps de leur donner la chasse.

17 septembre. — A six heures, le bataillon détache une compagnie au train régimentaire, une compagnie au convoi de la brigade. Les deux autres compagnies se mettent en route sous mes ordres par des chemins ravinés, coupés de ruisseaux et de torrents. Chutes nombreuses de mulets dans les précipices et dans les crevasses. Nous arrivons à l'étape, près de Kinadjy, à midi et demi.

Au col de Kianga, les Hovas, facétieux, avaient planté un poteau portant cette inscription : *Vasaha* (étrangers), *n'allez pas plus loin ; la garde du ministre, celle qui a des ailes, est arrivée. Si vous avancez, vous êtes tous morts.*

L'écriteau n'a pas de succès.

Les villages sont nombreux dans le pays que nous traversons ; ils apparaissent tous en flammes. L'ennemi brûle tout devant nous en battant en retraite et force les habitants à s'enfuir.

En arrivant près de Kinadjy, les hauteurs étaient encore occupées par un millier de Hovas. Une section de 25 hommes a marché contre eux sur la crête, a exécuté deux feux de salve et a mis en fuite ces piètres adversaires.

Les grand'gardes ont été établies sans difficulté. Soirée très calme.

18 septembre. — Repos. On cherche du paddy pour

les animaux. Des bœufs ont été pris et abattus; nous faisons un repas chaud.

L'après-midi, à trois heures et demie, rendez-vous des officiers supérieurs sur une croupe élevée, du haut de laquelle on découvre quatorze ouvrages ou fortins en terre, construits pour nous barrer la route par les Hovas. Le rôle de mon bataillon sera de se tenir en réserve avec le sac. Les autres bataillons déposeront le sac avant d'attaquer.

Dans la soirée, nous nous rapprochons des positions de l'ennemi. Il fait froid, sur ces hauteurs, lorsque le soleil disparaît.

19 septembre. — Dès six heures, le bataillon est sous les armes. L'artillerie attend le moment favorable pour se mettre en batterie.

A sept heures et demie, elle ouvre le feu et tire cinq obus, tous trop courts. Les Hovas répondent de la même façon.

C'est une conversation amicale. Personne ne se fait de mal.

La légion avance prudemment et lentement, de front, tandis que la 2ᵉ brigade, celle du général Voyron, tourne l'ennemi. Vers neuf heures, le mouvement est bien dessiné. De la position que j'occupe, j'embrasse du regard tout le terrain de l'action.

Dès que les Hovas se voient menacés d'être enveloppés, ils tournent le dos, bien qu'ils occupent des ouvrages en terre bien situés et faciles à défendre, qu'ils aient en batterie vingt pièces de canon et que leur supériorité numérique soit énorme. Ils s'enfuient en brûlant Tsifoha, Antibe, Fiantsona, Maharidaza, et disparaissent.

Nous sommes maîtres du passage des grands monts Ambohimena. Le bataillon, qui n'a pas été engagé, fait le café et descend vers Fiantsona, où il campe.

Aucun tué ni blessé de notre côté.

20 septembre. — Nous restons aujourd'hui à Fiantsona. Les troupes se rassemblent. Les hommes nettoient leurs fusils et leur linge, et réparent leurs effets. Ils se réjouissent de toucher au but, d'approcher de Tananarive. C'est pour eux la fin de la fatigue et la récompense méritée de leur fermeté, de leur courage, de leur patience et de leur endurance.

Je reçois les lettres suivantes :

« Maharidza, le 19 septembre 1895.

« MON CHER COLONEL,

« J'ai l'honneur de vous adresser ci-joint une copie d'une adresse qui vous a été dédiée, ainsi qu'à M. le lieutenant-colonel Pardes, par l'Association amicale des anciens militaires du 3ᵉ régiment de zouaves, « la Chéchia ».   *Signé :* M. DUCHESNE. »

« Les membres de la Société « la Chéchia », asso-
« ciation amicale des anciens militaires du 3ᵉ régiment
« de zouaves, réunis en assemblée, le 20 juillet 1895,
« adressent à MM. Lentonnet et Pardes, du corps
« expéditionnaire de Madagascar, anciens officiers du
« régiment, leurs plus chaleureuses félicitations pour
« leurs brillants faits d'armes et leurs meilleurs sou-
« haits pour les armes françaises pendant l'expédition.
« — Paris, le 20 juillet 1895. »

Enfin me parvient l'adresse que voici, qui porte les
signatures d'un grand nombre d'habitants du IIIᵉ arrondissement de Paris, arrondissement où je suis né :

« Monsieur le commandant, nous vous adressons de
vives félicitations pour le courage et l'énergie que vous
avez déployés à la prise de Tsarasaotra, dont nous
avons eu connaissance par la presse.

« Nous souvenant que, enfant du peuple, depuis de
longues années vous vous êtes toujours dévoué au
service de la patrie et par ce fait avez prouvé une fois
de plus que la France peut toujours compter sur ses
enfants pour la défendre. — Vive la France ! Vive
l'armée ! »

Ces témoignages de sympathie m'ont profondément
touché.

21 septembre. — Séjour prolongé. Mes hommes vont
en corvée ramasser du paddy à Fiantsona. Je visite ce

village, très misérable et très sale. Les vivres trouvés étaient en mauvais état. Un tirailleur, ayant mangé du manioc découvert dans une case, est pris de violentes douleurs et succombe.

Les suicides sont de plus en plus fréquents dans la légion étrangère, qui se démoralise.

Il faut avouer, du reste, que rien de ce qui nous entoure n'inspire la gaieté ni l'entrain. Les hommes sont fatigués, les malades ne se comptent plus, et on ne les soigne même pas. Le service sanitaire est bien insuffisant.

Le caporal P....-M....., pris de dysenterie, doit être évacué; on lui donne quatre jours de vivres, on le hisse sur un cacolet, et le malheureux est expédié sur l'arrière. S'il ne meurt pas, il aura de la chance. Nul médecin n'accompagne les malades qui ne peuvent suivre. Les médicaments font défaut.

Combien de malades sont morts, depuis quelques jours, faute de soins et de médicaments! Que la vie d'un homme coûte peu! Avec quelle insouciance on traite ces pauvres malades! Le médecin souvent, faute de temps, les examine à peine et prononce. Certains hommes exténués, anémiés, ne sont pas reconnus malades; ils marchent et suivent la colonne, et meurent en route ou au camp.

Mort du caporal Véron, un excellent soldat; le pauvre enfant s'est éteint sans aucune plainte.

22 septembre. — Départ à cinq heures quinze. Nous marchons en avant-garde.

Les Hovas ont laissé sur le terrain des traces de leur passage : un canon, des affûts, des nattes, des objets divers, parmi lesquels une forme de cordonnier.

Les villages rencontrés sont tous incendiés.

Étape de 18 kilomètres; le bataillon arrive, très fatigué, à une heure, près d'Ankazobe et établit son camp.

23 septembre. — Départ à six heures trente; route difficile. Nous passons près d'un temple protestant qui a été respecté. Les maisons de la banlieue de Tananarive sont assez bien construites. Nous y trouvons des débris de mobilier indiquant le sens du confortable.

Le village de Mahatidza, où nous nous arrêtons, n'a pas été brûlé. Nous sommes en Émyrne.

Grande chasse au cochon autour des maisons.

Les vivres ne manquent plus.

24 septembre. — Nous nous sommes mis en route à cinq heures quarante et nous gravissons de fortes pentes jusqu'à 1,410 mètres d'altitude. Les Hovas tirent quelques coups de feu, au moment où le général, marchant en avant de nous, est seul avec son état-major.

Sur tout le parcours, les villages sont abandonnés, mais non brûlés.

A l'étape, à Ambohidiorara, les hommes démolissent les toits des maisons pour faire du feu.

La légion, très en retard, n'arrive qu'à cinq heures.

25 septembre. — Nous partons à six heures trente derrière la 2ᵉ brigade. Nous campons à une heure à 20 kilomètres, près de Babay. L'espace est tellement restreint que nous sommes mêlés aux animaux du convoi.

Pays très accidenté, couvert de villages. Les Hovas les ont respectés, car ils sont maintenant chez eux en Émyrne.

A quatre heures, le général nous réunit avec les capitaines de compagnie et nous expose le plan des dernières opérations.

Les Hovas sont retranchés vers Sabotsy, derrière des murs et des rochers, à peu de distance de nous. On les attaquera demain. Nous serons encore en réserve.

Comme je ne dissimule pas mon désappointement, le général sourit.

— Vous aurez votre part, me dit-il.

La séance continue par d'assez vives remontrances au sujet du pillage des villages abandonnés. Le général ne veut pas que les hommes se débandent, ni qu'ils deviennent indisciplinés et agissent pour leur compte.

Je suis tout à fait de cet avis, car du chapardage au brigandage il n'y a pas loin. La colonne légère est une véritable « colonne » de Babel, où les Français sont en minorité. Que deviendrions-nous, si l'autorité des officiers n'était pas respectée?

Demain, on abordera l'ennemi à la baïonnette, si possible, et on poussera droit devant soi.

26 septembre. — Je quitte le camp à six heures cinquante. A peine mon bataillon est-il en marche que le canon se fait entendre et que la fusillade éclate de tous les côtés. L'action s'engage vivement et semble devoir être chaude. Je fais presser le pas, et je rejoins le 3ᵉ bataillon à sept heures.

L'ennemi a déjà abandonné une première position; il se retire sur les crêtes, puis bat encore en retraite, en tiraillant. Notre artillerie lance quelques obus. Nous continuons à marcher, passant des rizières et des ruisseaux, escaladant des talus très raides, puis descendant. C'est un vrai steeple-chase.

Les fuyards hovas se sont abrités derrière les collines. Au loin apparaît un groupe de maisons sur lequel nous braquons nos lorgnettes.

Presque aussitôt retentit une détonation, puis une autre. Deux flocons de fumée s'élèvent au-dessus d'un buisson. Des obus tombent à quelques pas de mon bataillon. L'un d'eux éclate et tue le caporal Gémaux, de la 5ᵉ compagnie. Le capitaine Pradal est renversé; plusieurs fusils sont brisés.

Nous précipitons notre marche, et le bataillon s'abrite derrière un mur en terre, hors de la vue et des coups de l'ennemi.

A ce moment me parvient l'ordre d'occuper le village d'Ambohipiana, où est née la reine actuelle de Madagascar, Ranavalo. Elle y a passé ses premières années.

Nous marchons en avant, arrêtés à chaque pas par des fossés, des cours d'eau, des murs, des digues.

De plus, le village que nous devons occuper est perché à quinze cents mètres. Je dirige donc une véritable ascension. Nous sommes arrivés au but sans rencontrer d'autre résistance que celle des obstacles naturels.

Les hommes ont immédiatement fait le café, après quoi j'ai été installer mon camp sur la route, en réserve des avant-postes.

Entre temps, nous réquisitionnons poules, chèvres, cochons, oies, et des provisions de riz, de haricots rouges, de cannes à sucre, d'ananas, de bananes et de manioc.

Chaque escouade, ce soir, fait un succulent repas. De notre camp on aperçoit, paraît-il, Tananarive ; mais lorsque j'en suis avisé, il fait nuit noire.

27 septembre. — La journée est consacrée au repos. Nous sommes de réserve d'avant-postes. Le général en chef veut concentrer ses troupes pour attaquer Tananarive. On attend donc l'artillerie, le 3ᵉ bataillon du 200ᵉ et les convois.

Des hauteurs d'Ambohipiary, on découvre Tananarive, la terre promise ! La ville s'élève assez imposante, en amphithéâtre, sur des hauteurs dominant une vaste plaine.

Enfin ! nous allons porter les coups décisifs ; il est grand temps d'agir et d'imposer la paix, car le corps expéditionnaire fond à chaque étape.

28 septembre. — Départ du camp à six heures cinquante. Marche longue, dure et déprimante, toujours par de mauvais chemins que coupent des rizières inondées, des rivières sur lesquelles, bien entendu, aucun pont n'a été jeté.

Mais on approche du but, et mes soldats marchent gaillardement. Des coups de feu partent de temps en temps et un peu de tous les côtés ; enfin, vers deux heures, nous parvenons près de la ville sainte d'Ambohimanga.

Le convoi de bagages qui nous suit n'arrive que fort tard. Il a été attaqué en route par un gros parti ennemi séparé de l'armée hova depuis le combat du 26. Cinq soldats de la légion et un Sénégalais ont été blessés (1).

La queue du convoi ne rejoint que dans la soirée avec le colonel Oudri.

(1) Ce convoi était sous les ordres du capitaine d'artillerie Gendron, qui organisa promptement et énergiquement la résistance. M. Gendron fut cité à l'ordre du jour de l'armée.

Que de fatigues courageusement supportées! Nos soldats sont merveilleux.

L'infortuné 200e marchait aujourd'hui devant nous : les soldats qui suivent encore son drapeau ont dû être dispensés du sac. Ils forment une troupe d'environ cent quarante hommes à peine; mais ils tiennent à être aussi à l'honneur. Ils entreront à Tananarive.

Défense de pénétrer dans la ville sainte d'Ambohi-manga, afin de ne pas irriter MM. les Hovas. Condamnés, donc, à rester en pleine campagne et à boire l'eau peu appétissante, et certainement peu saine, des mares.

29 septembre. — Nous sommes en marche dès cinq heures quinze du matin, à l'avant-garde de la colonne. C'est la 8e compagnie, capitaine Vigarosy, qui tient la tête, précédée de chasseurs d'Afrique. Vers sept heures du matin, les chasseurs sont reçus à coups de fusil et font demi-tour. Je lance en avant la section du sous-lieutenant Zaigue ; elle est reçue par un feu très vif et très nourri. Le reste de la 8e compagnie arrive au pas de course et se porte à gauche de la section déjà engagée. La fusillade éclate sur toute la ligne. La 5e compagnie, sous les ordres du capitaine Pradal, survient à son tour et prend position à droite de la 8e; le lieutenant Bordeaux, à l'extrême droite, va balayer les bords de la Mamba, occupés par les Hovas. La

CANONS SUR LA TERRASSE DE TANANARIVE

SOLDATS FAISANT LA LESSIVE

6ᵉ compagnie, celle du capitaine Castel, s'avance vers la gauche.

Tandis que s'exécutent ces divers mouvements, on transporte en arrière, dans un enclos où s'est installé le docteur Béchard, médecin-major du bataillon, le sous-lieutenant Zaigue, atteint à la tête, et trois tirailleurs blessés. Le docteur leur donne ses soins. Le combat ne se prolonge pas, et l'ambulance improvisée ne reçoit pas d'autres hôtes.

Le bataillon a donc pu reprendre sa marche et occuper une série de villages se touchant presque et formant comme les faubourgs d'une ville.

Nous tournons Tananarive, nous attaquerons la ville au nord et à l'est.

Bivouac à Ambohidiasahara.

Je suis content de ma journée. Un instant, en effet, l'action a été très chaude, les balles sifflaient, le plomb tombait dru. Tous mes officiers et soldats se sont crânement tenus.

30 septembre. — A cinq heures vingt, le bataillon est en marche vers l'est; il reçoit des obus des positions hovas à l'ouest et au nord; mais nous ne nous arrêtons pas. Ces obus, mal dirigés, ne nous causent aucune perte. Nous continuons le mouvement tournant par les hauteurs boisées et le village d'Andrianariwa. La marche se prolonge jusqu'à dix heures.

9

On se bat à l'arrière. Nous entendons la fusillade. De ce côté sont les Haoussas qui se chargent de repousser l'ennemi (1).

A dix heures, nous sommes en vue de la position à enlever. Le bataillon se forme en colonne double ouverte et se met en marche. Des obus éclatent dans les espaces vides. Un officier indigène est renversé, mais il se relève aussitôt sans aucun mal.

Arrivés à la dernière crête la plus proche de l'ennemi, nous faisons halte et nous attendons l'artillerie. Le 3ᵉ bataillon, qui devait être à notre gauche, se trouve à droite. La 1ʳᵉ compagnie de ce bataillon se trouve au bas des crêtes, derrière les premières maisons d'un petit village. Le capitaine qui la commandait s'étant lancé trop audacieusement et prématurément en avant, perd en quelques instants vingt-trois hommes, dont un sergent-major tué et deux officiers blessés. La compagnie du capitaine Delbousquet se porte à son secours et la dégage promptement. De notre côté, nous exécutons des feux de salve à dix-huit cents mètres. L'ennemi recule; mais le sergent-major tué et deux blessés sont restés dans les lignes hovas.

L'artillerie arrive et ouvre le feu sur la position bien

---

(1) Le bataillon haoussa rejeta les Hovas à l'arme blanche et leur enleva deux canons; il perdit un homme tué et vingt-trois blessés, ·dont un officier.

fortifiée dite de l'Observatoire, à l'est de Tananarive, et sur laquelle s'élevait autrefois un observatoire appartenant à la mission française, et que les Hovas ont détruit. Cet observatoire devient notre objectif, et nous le criblons de feux à dix-sept cents mètres, puis à quatorze cents mètres.

Les Hovas doivent abandonner bientôt leurs tranchées.

Notre artillerie continue à tonner contre les batteries ennemies et les fait taire. Le bataillon se met alors en marche pour enlever la position. Les tirailleurs sakalaves s'avancent à notre gauche; ils arrivent à l'observatoire les premiers, et leurs officiers tournent aussitôt un canon, abandonné par l'ennemi, contre la ville de Tananarive.

Les obus pleuvent autour de nous, sans heureusement toucher personne.

Pendant l'exécution de ces mouvements, l'infanterie de marine, servant de pivot, avançait lentement au nord, et conformait son mouvement au nôtre. Le 200e et la légion, restés en réserve, arrivaient à leur tour. L'artillerie enfin descendait des crêtes, du haut desquelles elle avait éteint le feu des retranchements ennemis, et commençait immédiatement le bombardement de Tananarive.

Les obus à la mélinite produisent des effets terribles.

L'un d'eux éclate sur le palais même de la reine (1).

Il est trois heures un quart. Nous n'avons encore rien pris. Nous déjeunons alors en hâte d'un morceau de viande, que les mouches nous disputent, et de biscuit trempé dans de l'eau. Ni café, ni alcool.

A trois heures et demie, le général Metzinger me donne l'ordre suivant :

« Le 2e bataillon du régiment d'Algérie est chargé d'enlever le secteur compris entre l'église catholique à l'est et le palais de la reine.

« Des sapeurs du génie seront adjoints au bataillon, dans le but de faire sauter à la dynamite les maisons qui empêcheraient de tourner les barricades.

« Aller vivement et éviter les pertes. »

Tout est prêt pour l'assaut. A ce moment, le drapeau de la reine disparaît du sommet du palais sur lequel il était arboré. Un drapeau blanc le remplace.

C'est la capitulation, c'est la fin. Le feu cesse de notre côté. Des parlementaires arrivent et sont conduits au général. Une demi-heure plus tard, nous avançons sans rencontrer de résistance jusqu'à la ville et nous pénétrons par des rues ou sentiers indescriptibles jusqu'à la place Andohalo, où nous bivouaquons à cinq heures et demie.

____

(1) Cet obus tua vingt-trois hommes sur une terrasse du palais.

Le corps expéditionnaire compte aujourd'hui quatre tués, trois officiers et cinquante et un hommes blessés. Les Hovas ont perdu plusieurs centaines d'hommes et tout leur matériel de guerre.

Fin glorieuse du deuxième trimestre de la campagne et peut-être de la campagne elle-même.

Soirée du 30 septembre. — Si l'assaut avait été donné, quelle hécatombe de part et d'autre ! Quatorze canons Gardner, douze mitrailleuses barraient les rues ; plus de dix mille défenseurs armés étaient répartis dans les maisons et derrière les barricades.

En montant les pentes raides qui conduisent à la place Andohalo, on voyait cet après-midi fourmiller les lambas blancs. Les fusils sont cachés ; mais ceux qui les portaient ce matin encore se montrent ; ils n'ont plus rien à craindre.

Tout ce monde croyait, sur la foi de leurs pasteurs protestants anglais, que la ville serait livrée au pillage, que les chefs hovas seraient fusillés. Or, de notre côté, aucune violence n'a été commise. L'ordre est parfait.

Nous aurions pu cependant user de représailles.

On sait que deux tirailleurs blessés et un tué de la compagnie Castel avaient été laissés dans un village tout proche de Tananarive ; ces malheureux ont été mutilés et décapités.

Les misérables qui ont torturé nos blessés seront impunis.

Je veille à ce que mes hommes très fatigués soient aussi bien que possible.

Quant à moi, j'ai dîné à huit heures et demie d'un peu de viande de conserve à peine chauffée et de pain de guerre, enfin de deux œufs durs. Nous avons du café.

1er octobre. — J'ai passé la nuit, de huit heures à minuit, en compagnie de mes officiers, dans une maison appartenant à M. Suberbie. Nous avons été dévorés par les puces et les moustiques, toute la vermine que les Malgaches y avaient apportée. Impossible de fermer l'œil. A onze heures et demie, grand bruit au dehors. Ce sont mes bagages qui arrivent. Je me lève et je fais dresser une tente. Peut-être serai-je mieux dehors qu'à l'intérieur de la maison. Illusion pure. Les moustiques me suivent. Je n'ai pas dormi un instant jusqu'au matin.

A peine suis-je debout qu'on m'apporte une lugubre trouvaille : la jambe d'un tirailleur massacré la veille.

J'ai fait déposer cette jambe dans le cercueil d'un caporal, d'un petit Français énergique ayant lutté jusqu'au bout et mort la veille au soir en cacolet, avant d'entrer à Tananarive. J'ai fait bien des campagnes, et je sais qu'en temps de guerre il faut savoir se cuirasser le cœur ; mais je ne suis pas maître de mon émotion.

Saura-t-on jamais quels exemples de dévouement et de sacrifice ont donnés les soldats du corps expéditionnaire de Madagascar, qui n'ont même pas eu pour faire diversion les ardeurs salutaires du combat ?

Mon régiment est celui qui a le mieux résisté.—Sans lui, disait un général, l'expédition n'aurait pas abouti.

Le général en chef, que les trois derniers jours de marche avaient fortement inquiété, qui voyait le nombre des malades augmenter sans cesse et les provisions et munitions s'épuiser, savait bien qu'il jouait sa dernière carte. Il a fait preuve de très grandes qualités, il a su organiser et diriger l'expédition très difficile avec beaucoup de sagesse ; mais il doit sa plume blanche au régiment d'Algérie. Nous espérons que le général Duchesne ne chicanera pas sur les propositions, et que le gouvernement ne marchandera pas les récompenses.

Les marchands de viande, de fruits, etc., se pressent, rassurés, autour du bivouac de mon bataillon ; ils font d'excellentes affaires, car les tirailleurs ont grand besoin de se ravitailler.

L'abondance renaît. Quelques officiers, à défaut d'autre vin, ont trouvé du champagne, et nous buvons au succès de nos armes.

Dans la journée, ordre d'aller nous installer à Ambohijanary. Nous suivons, pour nous y rendre, des sentiers escarpés remplis de pierres, coupés de fondrières et bordés irrégulièrement de maisons ou de cases indigènes. Les habitants nous regardent passer curieusement. Tous saluent très bas les officiers. Reconnu parmi les curieux quelques Européens.

Au nouveau camp, nous sommes assiégés par des vendeurs pressés d'écouler leur marchandise, mais sachant très bien tirer profit de nos besoins. On vend une dinde : 2 fr. 50 ; un mouton : même prix ; une oie : 1 franc ; le lait, environ un litre : 40 centimes ; les œufs : 5 centimes pièce, etc. Repos toute la soirée.

2 octobre. — Encore une nuit de ripailles pour les moustiques. Jamais moustiques ne firent preuve d'une telle fringale ; ils se jettent sur nous goulûment comme sur du fruit nouveau et ne nous quittent plus. Le sang qu'ils prélèvent sur nos pauvres carcasses fatiguées ne doit cependant pas être de qualité supérieure.

Du camp, je vois très bien la ville. Elle est comme un pain de sucre cassé par le milieu. Sur la plate-forme dominant tout, le palais de la reine et celui du premier ministre. Églises et temples, ainsi que de nombreuses maisons construites à l'européenne, donnent à l'ensemble de Tananarive, aperçu de loin, un air de grande ville ; mais on ne saurait imaginer rien de plus laid ni de plus sale, vu de près.

Au bas du pain de sucre, au milieu de jardins remplis de roses, s'élève un chalet très coquet et d'aspect confortable. C'est la Résidence française. Elle a été respectée pendant la guerre.

3 octobre. — Nous sommes occupés aujourd'hui au désarmement des Hovas. Tananarive était un véritable arsenal, rempli de canons et de fusils. On se demande comment des gens aussi bien armés n'ont pas mieux résisté. Il est vrai que beaucoup de ces canons et fusils ne se trouvaient pas en très bon état. Les Anglais qui leur ont écoulé tout un vieux stock ont, certainement, réalisé de beaux bénéfices.

4 octobre. — J'ai aujourd'hui cinquante-quatre ans, et je n'en suis pas plus fier pour cela, bien que j'aie résisté pendant cette campagne mieux que certains jeunes gens. La vieille armée avait du bon.

Temps chaud et lourd. Plusieurs orages en une journée.

La signature de la paix est notifiée aux troupes par l'ordre du jour ci-après :

Ordre général n° 78.

« Officiers, gradés et soldats de la colonne légère,

« L'effort que je vous demandais, par mon ordre général n° 68, du 8 septembre, pour atteindre Tananarive, a porté les fruits que j'en attendais.

9.

« Une marche presque ininterrompue de quinze jours, marquée de fréquents combats, nous a amenés d'Andriba à la capitale. Vous avez su triompher de tous les obstacles qui vous étaient opposés, et le 30 septembre, au soir, après une action laborieuse et brillante pour nos armes, nous entrions en vainqueurs à Tananarive.

« Les négociations en vue de la pacification, commencées aujourd'hui, ont abouti, dès ce soir, à la signature du traité de paix, qui deviendra définitif aussitôt qu'il aura été ratifié par les Chambres et par le gouvernement de la République.

« Cet heureux résultat est dû à votre persévérance et à votre énergie ; je tiens à vous en remercier, sans attendre les félicitations que la France, fière de votre succès, ne manquera pas de vous adresser.

« Fait au quartier général, à Tananarive, le 1er octobre 1895.

> « *Le général commandant en chef,*
>
> « *Signé :* Ch. DUCHESNE.

« Pour ampliation :

> « *Le chef d'état-major,*
>
> « *Signé :* TORCY. »

5 octobre. — Repos absolu. Pas d'ordre, pas de renseignements. Resterons-nous à Tananarive ? La campagne est-elle terminée ? Serons-nous relevés bientôt par d'autres troupes et rapatriés ? C'est peu probable, car voici venir la saison des pluies qui nous bloquera pour de longs mois à Tananarive.

Officiers et hommes sont consignés au camp.

10 octobre. — Pas un incident à signaler du 5 au 10. Vie des plus monotones. Il circule aujourd'hui en ville des bruits alarmants. On parle d'un chef hova qui tiendrait encore la campagne avec six mille hommes. Cela me paraît fort exagéré.

On craint pour demain, jour de zoma ou grand marché, qui attire à Tananarive beaucoup d'habitants de la banlieue, une émeute, des désordres. Je reçois, à ce sujet, des instructions du quartier général, afin que mon bataillon se tienne prêt à marcher, s'il y a lieu.

11 octobre. — Nous sommes restés sous les armes toute la journée. Pas la moindre alerte. Tout se passe tranquillement ; mais la ville est fort animée.

Les précautions militaires prises ont été heureusement inutiles. Tant mieux !

La population, qui va et vient à ses affaires, semble n'avoir contre nous aucune hostilité.

12 octobre. — Les soldats sont casernés dans les maisons, dans les écoles ; des piquets assez forts sont commandés de service pour maintenir l'ordre, car on parle toujours de bandes ennemies de l'autre côté de l'Ikopa.

14 octobre. — Vers sept heures et demie du soir, je reçois l'ordre d'envoyer en grand'garde un peloton à Nassi-Rato, un autre à la colline Ambahyany pour y garder les canons.

L'ennemi doit tenter cette nuit de reprendre Tananarive, des rapports d'espions l'affirment.

En cas d'attaque, je dois, de ma personne, me porter à Ambahyany ; mais si la ville est en insurrection, comment y parviendrai-je? car mon bataillon est éparpillé un peu partout.

Fort heureusement, tous les bruits de complots et de révoltes ne me paraissent pas bien sérieux. Je ne suis pas de ceux qui croient à ces canards.

17 octobre. — Toujours calme plat. Les Hovas m'ont l'air de comédiens avec lesquels on fait trop de manières et auxquels on n'inculque pas suffisamment le sentiment de notre force. Leurs fonctionnaires se moquent beaucoup de l'importance que nous leur accordons. Ils conservent donc leurs fonctions, et nous avons l'air de les servir et de les protéger.

18 octobre. — J'ai visité aujourd'hui le fameux marché du vendredi. C'est un spectacle extraordinaire. Quarante mille personnes au moins, tant de la ville que des environs, viennent s'y promener ou y faire leurs provisions.

On y rencontre des indigènes de toutes les tribus, des esclaves, une population mêlée aux types et aux costumes les plus divers. Beaucoup de bruit. Les Hovas sont très bavards et paraissent être de très bons commerçants. Beaucoup de marchandises anglaises sont étalées au marché. J'ai acheté des souliers jaunes et quelques menus objets.

On m'offrait à assez bon marché un matelas de raffia et des meubles; mais, bien qu'il soit à peu près décidé que nous serons maintenus jusqu'en avril au moins à Tananarive, je préfère attendre avant de m'installer.

Nous sommes encore en camp volant.

Plus heureux que nous, le 1er bataillon du régiment et le 200e, ou du moins ce qu'il en reste, vont être rapatriés avec le général Metzinger.

20 octobre. — Nous sommes installés à Soanerana, hors de la ville.

22 octobre. — Avant de quitter Tananarive, le général Metzinger nous adresse un ordre du jour dont nous avons le droit d'être flattés :

ORDRE DE LA BRIGADE

ADIEUX DU GÉNÉRAL METZINGER AUX 2e ET 3e BATAILLONS.

« En adressant mes adieux aux 2e et 3e bataillons du régiment d'Algérie, je tiens à les remercier du précieux concours qu'ils m'ont constamment donné et à leur exprimer ma satisfaction de les avoir eus sous mes ordres.

« Arrivés les premiers, les tirailleurs algériens partent les derniers ; c'est à leur bravoure, à leur endurance, à leur excellent esprit qu'est dû, en très grande partie, l'heureuse issue de l'expédition.

« Ils peuvent, à juste titre, être fiers de la brillante page qu'ils viennent d'ajouter à leur histoire, déjà si glorieuse. Je ne manquerai pas de le dire et de le redire en France et en Algérie.

« A Tananarive, le 21 octobre 1895.

> « *Le général commandant la 1ʳᵉ brigade,*
>
> « *Signé :* METZINGER. »

29 octobre. — Journée bien remplie. Le matin, marche militaire au milieu des rizières et par des chemins inouïs.

Nous rentrons à neuf heures et demie.

Je travaille toute la journée aux affaires du bataillon. A cinq heures, une étrange cacophonie se fait entendre à ma porte.

Ce sont les musiciens ordinaires de S. M. Ranavalo qui viennent me donner une aubade. Ils n'ont pas l'air de toucher de gros appointements, les pauvres diables, et sont fort mal vêtus.

Je les remercie et leur donne quelques francs. Ils me

régalent alors de la *Marseillaise* avec force couacs; ce qui n'empêche mon tirailleur de planton d'admirer les artistes de Ranavalo et de me dire : « Ils jouent très bien. »

Tous mes turcos ont l'air de cet avis et semblent enchantés de ce concert inattendu. Il est vrai que la plupart des instruments de ma nouba sont crevés.

30 octobre. — Le 200ᵉ de ligne et la légion, ainsi qu'un nombreux convoi, nous ont quittés. Nous restons définitivement à Tananarive, et le séjour ne promet guère d'être agréable. Nous sommes affreusement logés et nous continuons à manquer de pain. Aucun des objets de première nécessité, dont l'envoi nous est annoncé par les lettres que nous recevons, ne nous parvient.

Il est question d'organiser ici un cercle militaire.

Le général nous a reçus à la résidence. La table était bien servie; mais le vin, trop alcoolisé, n'est pas buvable. Après le café, on a parlé de l'avancement. Très aimable, le général demande à tous encore un peu de patience. On lui a promis d'être généreux.

23 novembre. — C'était hier la fête du Bain, quelque chose comme le jour de l'an malgache, à l'occasion duquel de grandes cérémonies ont lieu à Tananarive. Avant-hier donc, mes officiers et moi, nous recevions chacun une invitation de S. M. Ranavalo, nous priant de venir passer la soirée du lendemain au palais.

D'autre part, ordre du général Duchesne d'accepter cette invitation et de nous rendre à la cour en grande tenue. Ne pas oublier les gants blancs.

Les gants blancs! impossible de retrouver les miens. Quant à la grande tenue, elle ne sera pas brillante, après six mois de campagne. Ranavalo devra s'en contenter; mais il me faut des gants blancs à tout prix. Mon ordonnance réussit à m'en reconstituer une vieille paire avec des morceaux de lambas. Mon linge même, dont une partie s'est égarée, ne brille pas par l'éclat. Enfin, dans la journée du 22, je remonte de mon mieux ma garde-robe. Mon pantalon et mon dolman, tout rapiécés, sont vigoureusement et consciencieusement nettoyés. Enfin, tailleurs et cordonniers font des prodiges. L'heure venue, nous sommes tout à fait présentables.

Nous nous rendons au palais en filanzana, sorte de chaise à quatre porteurs. Nous garderons ces derniers de six heures et demie du soir à minuit. Prix convenu : cinq francs.

Nous arrivons au palais, après un assez long trajet, par les rues remplies de curieux; nous rejoignons, à l'heure fixée, le général en chef au moment où il fait son entrée sensationnelle dans la demeure royale.

.. La musique malgache nous salue au son de la *Mar-*

seillaise, jouée comme la jouent les fanfares de foire. En tête de la musique se tient un chef, sabre en main, ayant près de lui un enfant qui ouvre des yeux démesurés au passage du cortège.

Nous traversons plusieurs pièces ; enfin, nous parvenons dans la salle des fêtes. Nouvelle musique, nouvelle *Marseillaise* et hymne malgache. La reine, enveloppée d'un lamba rouge, se tient sur son trône. Près d'elle, sur un guéridon, est placée la couronne.

Le général Duchesne s'avance vers Sa Majesté, la salue respectueusement sans rire, puis s'assoit sur un fauteuil doré à lui réservé. Quant à nous, toujours en bon ordre, nous prenons place sur des chaises non moins dorées, vis-à-vis de Ranavalo.

Aussitôt la représentation commence : d'abord des chants monotones et sans harmonie, puis des prières, avec accompagnement d'orchestre.

Enfin, comme il n'est pas de bonne fête, en pays malgache, sans discours, un orateur hova prend la parole et prononce une allocution.

C'est pour nous de l'hébreu. Cet homme éloquent, si nous en croyons un interprète, célèbre les vertus de la reine et le dévouement du peuple.

Le discours terminé, nous voyons entrer de nombreux esclaves, portant chacun quelque objet. Le premier présente une sorte de théière en argent à long manche d'ébène; d'autres sont chargés de jarres remplies d'eau, de paniers de riz, de bois; certains sont armés d'ustensiles de cuisine; viennent enfin des esclaves avec des vivres sur des plats et du sel dans des cornes de bœuf.

Tout ce personnel défile, comme dans une féerie, devant la reine, et les comparses vont s'installer aux places qui leur sont assignées.

La reine se lève, salue gravement et se retire dans une sorte d'alcôve, derrière des rideaux de soie rouge. C'est là qu'elle doit prendre son bain.

Alors commence sous nos yeux la cuisine de la fête. Les esclaves allument des feux, font chauffer l'eau et la portent jusqu'à l'alcôve, devant laquelle veille jalousement le premier ministre (celui-ci n'est cependant pas le mari).

Quelques instants plus tard, Sa Majesté est au bain, tandis que les esclaves restés dans la salle de gala continuent leur cuisine.

La chaleur bientôt devient insupportable. Les viandes grillent, le riz cuit dans les marmites spéciales, tandis que chanteurs et musiciens font plus de vacarme que jamais. La cérémonie semble un peu longue.

Enfin, après une heure au moins d'absence, la reine est sortie du bain; elle rentre solennellement parmi nous, portant une robe de soie rouge éclatante, les épaules couvertes de poudre de riz, et des pierreries au cou, tout comme la belle Otero, la couronne sur la tête. Sa Majesté s'avance, accompagnée d'un esclave portant la grande théière, remplie d'eau du bain royal. Presque à chaque pas, la théière verse dans la gracieuse main de Sa Majesté un peu de cette eau. Ranavalo asperge d'abord consciencieusement le général en chef, qui reçoit la douche sans sourciller, puis tous les officiers français. Nous gardons autant que possible notre sérieux ; mais Sa Majesté, moins correcte, ne peut s'empêcher de sourire d'abord, puis de rire comme une petite folle. Nous ne bronchons pas. Ranavalo, d'âge indécis, nous semble assez banale : physionomie quelconque très commune à Tananarive. Je dois ajouter, pour être juste, que l'eau du bain était très parfumée au lubin.

La reine est sortie du palais et a béni la ville, puis est revenue vers nous.

Elle reprit place sur son trône, entourée des membres de sa famille, lesquels s'apprêtaient à lui servir un repas public. Les étranges cuisiniers qui avaient opéré sous nos yeux servirent les mets royaux, riz et viande grillée, sur des assiettes en porcelaine. Deux de ces assiettes furent présentées à la reine, ainsi qu'une cuiller en corne. Sa Majesté daigna faire honneur au festin.

Les invités, d'autre part, n'étaient pas oubliés. Les dames d'honneur s'occupaient de répartir les portions de riz et de viande, et les firent circuler dans tous les rangs. Le général Duchesne fut l'un des premiers servis ; on lui présenta même, comme à un personnage extraordinaire, digne de tous les honneurs et de tous les luxes, une serviette. Des esclaves le servaient en se traînant sur les genoux.

Chacun de nous reçut une assiette de riz et une de viande grillée. Le riz était poivré atrocement et sucré, cuit à la mode malgache, la viande coriace au point de résister aux plus robustes mâchoires. Comme plusieurs d'entre nous faisaient quelque peu la grimace, la reine, qui nous regardait beaucoup et nous observait avec curiosité et malice, ne put contenir un éclat de rire.

Mais le devoir avant tout. Le général Duchesne nous donnait l'exemple, et, à la grande joie de Sa Majesté qui se tordait littéralement, prise d'un accès de folle gaieté, nous nous sommes montrés convives héroïques, en dévorant ces mets que daignait nous offrir la souveraine de Madagascar ; mais, en jouissant de notre supplice, Ranavalo prenait un peu sa revanche de nos victoires. Le repas terminé, les gouverneurs des provinces ou leurs représentants se groupèrent dans la salle et défilèrent, suivant le rite, devant l'une des proches parentes de la reine, en lui remettant une offrande en signe d'hommage.

La quêteuse s'était étendue aux pieds du général Duchesne, comme en signe de soumission.

Enfin, le premier ministre a joué son rôle dans la représentation. N'ayant jamais vu Rainilaiarivony, je ne sais s'il eut jamais réellement l'aspect prestigieux que voulaient bien lui reconnaître les Hovas de Tananarive et même quelques Européens ; sa physionomie, dit-on, était fine et intelligente ; celle de son successeur est grotesque. Nous comprenons que le général commandant en chef n'ait pas poussé la cruauté jusqu'à infliger un tel mari à Ranavalo. Imaginez-vous un homme de taille moyenne, dont le type est à peu près celui du bouledogue, âgé d'une soixantaine d'années, ventripotent, gras à lard, habillé de soie, du reste, et digne de l'être. Il portait, étalée sur la poitrine, une ferblanterie extraordinaire, collection de décorations invraisemblables, parmi lesquelles, assurent les mauvaises langues, on distinguait les palmes académiques. Son habit de soie grise était serré à la taille par un brillant ceinturon en or. Il avait tout l'air de quelque rastaquouère d'opérette ou d'un roi de féerie. Ce haut personnage prononça un discours que nous dûmes écouter sans rire et de pied ferme ; puis il poussa des cris de commandement en se tournant vers quelques officiers hovas, formant une sorte de garde du corps. Ces gardes tirèrent le sabre, l'inclinèrent devant la reine et donnèrent le signal du départ. Chacun de nous passa devant Ranavalo et la salua militairement. La reine accepta nos hommages, non sans grâce, et rentra dans ses appartements, où, en compagnie du premier ministre, elle compta sans doute le produit de la quête.

A notre sortie, la musique éclata en fanfares bruyantes, et les canons établis près du palais tonnèrent avec un ensemble assourdissant.

1ᵉʳ décembre. — La nouba est maintenant reconstituée. Les clarinettes étaient brisées. Un ferblantier de Tananarive a pansé leurs blessures. Des caisses de tambours malgaches ont été transformées en tebels, des gamelles en nouara.

Mes grands enfants sont enchantés et très fiers, lorsque la foule se presse autour d'eux pour entendre leur musique. Notre bataillon est, d'ailleurs, la seule troupe française à Madagascar qui puisse s'offrir ce luxe.

15 décembre. — Vie des plus monotones. Voici quelle est à peu près notre existence :

A cinq heures : lever, puis exercice jusqu'à sept heures. De sept heures à dix heures : repos, sieste.

A dix heures et demie : déjeuner; menu à peu près

invariable, ainsi composé : œufs sur le plat ; poulet ; pommes de terre ; viande de bœuf ; riz au sucre. Dessert : bananes, pêches, ananas, mangues et raisins. Café et cognac malgache pas potable.

Nous restons réunis jusqu'à midi. Chacun ensuite vaque au service et à ses occupations. Les uns vont à la pêche, les autres font une promenade à cheval.

Vers six heures et demie, rendez-vous sur la place Soanerana, où l'on fait les cent pas avant le dîner, qui est servi à sept heures, et dont le menu ne varie guère plus que celui du déjeuner : soupe au bœuf, omelette, pommes de terre, poulet, riz, dessert et café.

A huit heures et demie, chacun rentre au logis.

25 décembre. — Pour fêter la Noël, distribution extraordinaire de vin à la troupe : trente centilitres par homme. C'est ainsi que l'intendance se montre généreuse.

Les soldats sont contents et se promènent dans la ville en fête.

1er janvier 1896. — Je ne croyais pas commencer ici la nouvelle année, lorsque je fus désigné pour commander un bataillon du corps expéditionnaire. Toutes mes pensées vont ce matin à ma chère femme à Paris, à tous mes parents et amis.

J'espère bien passer l'an prochain auprès d'eux cette journée du 1er janvier.

Nous avons fait nos visites officielles. J'ai reçu mes subordonnés, et nous avons bu à la France.

Le désir de tous ou de presque tous est de rentrer en France. Je ne crois pas qu'on recrute jamais de colons pour Madagascar dans mon bataillon. Longue conversation sur l'avancement et les nominations prochaines. Je comprends bien des impatiences très légitimes. Il en est qui le sont moins.

J'avais pris soin de m'approvisionner de tout ce qu'il faut pour luncher : vins, liqueurs et biscuits.

Prix d'une bouteille de sherry : 6 francs ; porto : 7 fr. 50 ; vermout : 8 francs ; litre d'absinthe : 10 francs ; douzaine de biscuits : 2 francs.

6 janvier. — Nous avons fêté hier les Rois à la popote. Suivant l'usage, les adjudants, sergents-majors et les plus anciens sergents de chaque compagnie étaient invités. Le sort a désigné pour roi, au champagne, le lieutenant-colonel, et pour reine le sergent Martinadji, qui représentait le sexe faible de façon imposante. Repas très gai, vraiment cordial.

16 janvier. — Le général Duchesne a quitté Tananarive ; nous l'avons accompagné jusqu'à Andraisoro, où il nous a fait ses adieux et où le 3e bataillon lui a rendu les honneurs. Avant de nous quitter, celui qui nous a conduits à la victoire devait passer une revue, mais les effectifs sont trop réduits.

Un ancien préfet d'Alger, M. Laroche, est résident général, gouverneur civil. Le général Voyron prend le commandement en chef des troupes d'occupation. La 5e compagnie était de service avec la nouba et le drapeau au palais de la Résidence.

28 janvier. — Le général nous a reçus très aimablement.

Tous les officiers se plaignent de ne rien recevoir des bagages qui leur ont été expédiés *viâ* Tamatave. Il paraît que le nouveau résident et sa suite avaient réquisitionné tous les bourjanes ou porteurs de la région pour leur service personnel. Aussi rien ne parvient-il plus. Le pain manque. Les colis s'accumulent à Tamatave.

3 février. — Un petit détachement, composé de convalescents, de libérés et de deux sous-officiers envoyés à Saint-Maixent, a quitté Tananarive pour se rendre à Tamatave.

Parmi les libérés ayant fait du « rabiot », se trouvait un soldat de mon bataillon qui n'a plus ni père ni mère, ni famille en France, et qui demandait l'autorisation d'installer ici une cantine. Cette autorisation lui a été refusée. Pourquoi? Nous n'avons cependant pas trop de colons.

8 février. — Alerte cette nuit. Des coups de feu sont tirés dans le village que nous occupons. Le poste de police prend les armes. Un adjudant vient me réveiller et m'avertir de ce qui se passe.

Je fais donner l'alarme. Mais on n'entend plus aucun bruit suspect. J'envoie quelques patrouilles. Elles ne signalent aucun mouvement.

Le matin, après enquête, j'apprends qu'un voleur s'étant introduit dans la maison d'un indigène, celui-ci a fait feu.

En somme, incident sans importance. A noter toutefois que bien des habitants, soi-disant désarmés, ont conservé chez eux un fusil.

26 février. — Bruits de complots. Beaucoup d'entre nous pensent que nos pires ennemis sont dans l'entourage même de la reine. Il paraît que le résident, M. Laroche, est d'un autre avis. Il a grande confiance dans les Hovas.

21 mars. — Le général Voyron a passé une revue de toutes les troupes de la garnison sur la place Andohalo. L'infanterie de marine, le régiment colonial et nos deux bataillons de tirailleurs y assistaient.

Foule énorme; plus de trente mille Malgaches se pressent sur les talus et accidents de terrain pour mieux voir. Les fonctionnaires de la Résidence, les principaux membres de la colonie, les « honneurs » ont pris place sur une estrade. M. Laroche arrive avant la reine; il est en simple veston, en costume colonial, ce qui nous choque un peu ; il aurait pu faire, pour la circonstance, un bout de toilette.

Ranavalo survient peu après ; un cortège absolument grotesque, formé d'officiers aux uniformes brodés d'or, de chambellans d'opérette et de dames à falbalas. Cet assemblage réunit toutes les couleurs de l'arc-en-ciel aux tons les plus criards. C'est comme une exhibition de singes et même de vilains singes.

La revue commence. Le général Voyron passe sur le front des troupes, qui ont vraiment bonne mine et en imposent aux habitants de Tananarive. Le commandant en chef distribue des décorations, et d'abord la croix de commandeur au colonel Bouguié, du 13ᵉ d'infanterie de marine, lequel remet ensuite lui-même **au** général les insignes de grand officier.

La reine suivait des yeux très attentivement tous les détails de la cérémonie. Elle portait, pour la circonstance, une robe de soie pourpre et le manteau royal brodé d'or, enfin le ruban de grand-croix de la Légion d'honneur en sautoir.

Après le défilé, le peloton de chasseurs d'Afrique a poussé une charge et s'est arrêté au pied des tribunes. Les Hovas, peu habitués à voir évoluer la cavalerie, poussaient des cris d'admiration.

En résumé, l'impression de la journée est bonne.

LA REVUE DU 21 MARS 1896, A TANANARIVE

CHAPITRE VII

L'INSURRECTION — LE DÉPART.

Troubles autour de Tananarive. — Formation de deux colonnes. — Indisposition. — Chez le général Voyron. — En route avec le convoi. — Marches pénibles. — Manhanjara. — Combat de nuit. — Les prêtres et le culte des idoles. — Manarantsoa. — Retour à Tananarive. — Rapatriement décidé. — Les adieux. — Le départ. — De Tananarive à Tamatave. — Embarquement. — A bord du *Djëmnah*.

30 mars. — Des troubles ont éclaté au nord et au sud-ouest de Tananarive (1). Deux colonnes sont formées pour les réprimer.

La 5ᵉ compagnie du bataillon s'est rendue à Ilafy. Je vais l'y rejoindre dans la matinée; mais je me trouve

(1) Trois Français, MM. Grand, Michaud et Duret de Brie, avaient été massacrés à Manarantsoa, au sud-ouest de Tananarive, après avoir longtemps résisté à quinze cents Fahavalos qui mirent le siège devant la maison dans laquelle nos compatriotes s'étaient réfugiés. Tous trois étaient des explorateurs à la recherche de gisements miniers.

Dans le nord, un fort parti de rebelles interceptait les communications avec le poste Ambatondrazaka sur les bords du lac Aloatra.

fort souffrant. Le colonel Oudri commandera sans doute la colonne du sud. Celle du nord est sous les ordres du lieutenant-colonel Borbal-Combret, de l'infanterie de marine. Deux compagnies du régiment d'Algérie, celles des capitaines Pillot et Castel, la suivront.

L'émoi est assez grand en ville et se trahit par des ordres et des contre-ordres.

31 mars. — Vers sept heures et demie du matin, un officier d'ordonnance du général Voyron me communique l'ordre de rentrer immédiatement à Tananarive, près du commandant en chef.

La 5ᵉ compagnie se portera à Andraisoro.

Avant d'aller au quartier général, je passe chez le colonel Oudri, qui me met au courant de la situation et m'apprend que trois Français ont été assassinés non loin de la capitale et que nous devons venger leur mort de façon exemplaire.

Si deux compagnies seulement sont mises en route, je serai chef de colonne; si trois au moins paraissent nécessaires pour rétablir l'ordre, le colonel Oudri prendra le commandement.

Le colonel sortit pour aller lui-même chez le général Voyron et me pria de l'attendre.

En son absence, je vois entrer chez lui un monsieur que je ne reconnais pas tout d'abord. Il se présente lui-même.

— Je suis M. Laroche, résident général.

Échange de politesses, et nous causons. Le résident déplore la mort de nos compatriotes; mais il est d'avis que nous n'usions pas de rigueur et que nous ramenions les populations par la douceur. Je me permets de lui répondre que je ne partage pas tout à fait sa manière de voir.

Sur ces entrefaites, rentre le colonel Oudri. Je dois partir pour Andraisoro. Je me rends au poste indiqué. A peine y suis-je arrivé, de plus en plus souffrant, qu'il me faut remonter à cheval — ordre transmis par un gendarme — pour rentrer à Soanerana. Impossible de prendre le repos dont j'ai cependant grand besoin.

Deux compagnies de Haoussas nous rejoignent dans la soirée; peu après, arrive la compagnie Bordeaux; enfin, le colonel Oudri vient coucher dans la salle à manger de notre popote. Il est trois heures du matin. Nous devons partir à cinq heures.

1er avril. — Je suis debout avant le lever du jour; mais, au moment de monter à cheval, je me sens pris d'un tel malaise que le colonel, avec une extrême affabilité, me fait comprendre que je ne dois pas me mettre en campagne en si mauvais état. Le docteur insiste, et, la mort dans l'âme, je vois partir les troupes. J'ai les yeux pleins de larmes de rage.

2 avril. — Un médecin de marine vient me voir à

mon logis. Il m'examine et me conseille d'entrer à l'hôpital. Je lui réponds que je n'ai besoin que de repos, de lait et de charbon, pour calmer mes douleurs d'estomac. Il me fait acheter de l'eau d'Antsirabe, eau de Vichy malgache. J'y consens ; mais je ne la boirai certes pas.

4 avril. — Je me sens mieux. Je suis mon régime de lait et de charbon. J'espère pouvoir rejoindre prochainement.

J'écris à ce sujet au colonel Geil, chef d'état-major du général Voyron, pour qu'il me fasse connaître la date du départ du convoi de ravitaillement.

6 avril. — Je vais bien. Cependant, le docteur Michel, de la marine, me prescrit encore le repos. Je lui déclare que je partirai, quoi qu'il arrive, dans deux jours, avec le convoi. Le docteur déclare que je commettrai une grave imprudence, mais je partirai quand même.

7 avril. — Je monte à Tananarive, où me fait appeler le commandant en chef. Le général Voyron me trouve très fatigué et m'engage à rester. Je ne veux rien entendre. Après avoir reçu ses dernières instructions, je vais acheter, pour me nourrir en route, six litres de lait concentré.

Je me couche dispos et bien résolu à partir demain.

8 avril. — Je quitte Soanerana à huit heures du

matin avec un convoi. Nous passons l'Ikopa en pirogue. Sur la rive du fleuve, une Anglaise de l'Armée
du salut s'adresse à moi.

Elle me demande assez aigrement à être transportée
sur l'autre bord. J'accorde l'autorisation ; mais la revê-
che personne refuse de monter dans l'embarcation
pleine de soldats. Il faudrait faire un voyage exprès
pour elle. Qu'elle aille au diable ! Nous passons et nous
ne nous occupons plus de la prédicante.

A deux heures, nous nous arrêtons à Tsylafi. Je
loge dans une maison en bois assez propre. Crise violente d'estomac. Le gouverneur indigène vient me
saluer. Je lui donne cinq francs, et il me procure d'excellent lait.

9 avril. — Départ à six heures, arrivée à Mangabé
à deux heures et demie. On accélère le pas. Pendant
la marche, on entend le canon. Au camp, nous appre-
nons qu'un grand kabary se tenait à 3 kilomètres 500
du camp. Trois obus, dont deux à la mélinite, l'ont dis-
persé.

Nous avons traversé des rizières pleines d'eau. Mon
cheval enfonçait jusqu'au poitrail.

10 avril. — Nous ne sommes partis qu'à sept heures. La route suit les crêtes. Impossible de passer par
le bas, les rizières étant inondées. Nous devons quand
même en traverser plusieurs, et j'ai bien failli rester

dans l'une d'elles, de laquelle mon cheval n'est sorti que très difficilement.

Du haut de la montagne, nous apercevons de nombreux villages. L'un d'eux est en feu.

Des indigènes, porteurs de drapeaux, viennent se rendre. Campement à Iharamalaza.

11 avril. — Séjour. Le village que nous occupons est celui où les trois Français assassinés récemment ont été prévenus de l'attaque imminente de Fahavalos. Hostiles à ces derniers, les indigènes avaient même offert aux voyageurs de les aider à s'échapper. Les bandits survinrent. Nos compatriotes firent bonne contenance; leurs assaillants se retirèrent. Ils devaient succomber, le lendemain, un peu plus loin.

Toute la journée, défilé de députations de villages qui viennent protester de leurs sentiments pacifiques et de leur dévouement. Ils apportent des vivres. On leur donne cinq piastres, et ils se retirent contents, du moins en apparence. Ne pas s'y fier, car tous ces Malgaches sont faux et menteurs. Un interprète et un commissaire de la reine nous accompagnent; l'un et l'autre ne pensent qu'à accaparer tout ce qui leur tombe sous la main.

Les habitants ne sont pas autrement étonnés, car les fonctionnaires hovas les ont depuis longtemps habitués à ces procédés.

12 avril. — Dès le départ, à six heures, nous traversons la rivière Ankabokaboka. Les hommes ont de l'eau jusqu'au ventre, et ce bain forcé n'a rien d'agréable par un temps de brouillard épais et froid. On ne sèche pas vite. Nous évitons de notre mieux les rizières et nous marchons jusqu'à onze heures.

Les villages que nous rencontrons ont arboré le drapeau blanc; quelques habitants nous saluent en signe de soumission. Halte près de trois petits villages abandonnés.

A midi et demi nous repartons du pied gauche vers le sud. On va au petit bonheur, car les cartes du pays mises à notre disposition sont très incomplètes.

Vers trois heures, nous parvenons à Kally Mafane. Les habitants du village, nous dit l'interprète, sont des esclaves du gouverneur de Manarantsoa ; ils cultivent le tabac et sont employés aussi à l'extraction de l'or. Tous se sont enfuis.

13 avril. — Diverses colonnes sont envoyées autour du camp dont la garde m'est confiée. Je ne mange que du riz au lait et des œufs, et je me trouve bien de ce régime, quoique le climat [du pays où nous opérons ne soit pas fameux.

Il pleut depuis trois jours.

14 avril. — Nous partons à six heures du matin par un temps humide et froid, et nous pataugeons dans les rizières, sans compter les cours d'eau. Les rares et pauvres villages situés sur notre chemin sont déserts.

Après six heures de marche, nous sommes en vue d'Antananarivo Kelly. Installation du camp; mais le bois manque pour faire la popote. Les corvées doivent aller à une heure de là en abattre et en ramasser.

Les intructions du résident général Laroche nous enjoignent toujours de vivre à Madagascar comme en pays ami. Il conseille de prêcher les Malgaches, de leur faire des discours, sous prétexte qu'ils sont des bavards. Pourquoi alors ne pas leur envoyer des avocats ou des pasteurs? Malheureusement, ces bons Malgaches ne sont pas seulement des bavards, ils sont aussi des voleurs et des assassins, et c'est folie d'avoir confiance en eux.

15 avril. — Séjour près d'Antananarivo ou petit Tananarive. La nuit a été bonne et tranquille. Pas d'orage ni de pluie, mais une forte rosée seulement. Notre colonel Oudri — il vient d'être promu général — part en reconnaissance. Je reste à la garde du camp.

Le pays est triste. Toute la région qui a été parcourue par les insurgés est déserte. Nos hommes prennent le bois nécessaire à la cuisson des aliments dans les maisons abandonnées. On coupe le riz vert pour nourrir les animaux. C'est la ruine pour les habitants lorsqu'ils reviendront. La reconnaissance rentre. Rien de nouveau.

16 avril. — En route à six heures, direction nord. On marche jusqu'à midi dans un pays très accidenté, mais découvert. Aucun habitant. On traverse une rizière où les hommes à pied ont de l'eau jusqu'aux hanches, puis, après, une rizière vaseuse.

A midi, nous prenons le café près d'un établissement de lavage d'or, appartenant au gouvernement hova. Le terrain a été très fouillé.

A trois heures, nous campons à Antsiota. Quelques esclaves viennent nous vendre du maïs, des œufs et des patates. Journée assez chaude et très pénible pour les hommes. Il paraît que pour moi la promenade est hygiénique, et que j'avais grand besoin de changer d'air, car je me porte très bien, d'autant mieux que j'ai reçu aujourd'hui de bonnes lettres de France, cinq colis et des journaux.

17 avril. — Marche dans la brume de six heures à huit heures un quart du matin. Nous sommes enfin à Manarantsoa, où les trois Français ont été massacrés. Les habitants ont pris la fuite. Je déballe mes colis. Ils contiennent du linge, quelle fête! La lecture des journaux me fait ensuite passer le temps. Je n'en ai jamais tant lu.

18 avril. — Tout le détachement se repose, à l'exception de la compagnie Bordeaux qui pousse une reconnaissance avec le général vers Anssi-Bé.

Quelques habitants rentrent un peu rassurés et comprennent que nous ne leur ferons pas de mal. Ils viennent au camp. Je leur achète du lait excellent; en tout cas, meilleur que l'eau dont je me suis abreuvé depuis plusieurs jours.

Le temps est beau et sec.

Achat de bœufs donnant 100 kilos de viande : 19 francs pièce; cochon : 10 francs. La vie est certainement pour rien dans ce pays.

Les turcos et les Haoussas achètent du maïs dont ils sont très friands.

19 avril. — Reconnaissance vers le nord à Manjambohitra, par les Haoussas qui font partie de la colonne. Ils sont bien reçus par la population. Le général revient favorablement impressionné.

Les habitants rentrent à peu près tous. Un marché s'est établi au camp. Mes hommes ont maintenant plutôt trop de nourriture.

Temps lourd.

20 avril. — La 5ᵉ compagnie part en reconnaissance dans l'ouest; elle y passe la journée et ne rencontre pas le moindre Fahavalo.

La compagnie haoussa est rappelée à Tananarive,

où, paraît-il, on ne se montre pas très rassuré sur les dispositions de la population.

Il doit cependant être arrivé maintenant de Tamatave 200 tirailleurs algériens de relève ou de renfort en attendant. Il y en aura 400 dans un mois, et aussi 400 Sénégalais.

21 avril. — Les Haoussas sont partis. A deux heures, parvient ici un convoi de quatre jours de vivres. Orage épouvantable et torrents d'eau, suivis d'une pluie abondante toute la journée.

Distribution de pain biscuité pour quatre jours.

A dix heures du soir, la compagnie Bordeaux reçoit l'ordre de se mettre en route immédiatement. Mission secrète.

22 avril. — Le camp est levé à six heures du matin par un temps brumeux. Trois heures de marche dans la montagne, et nous arrivons en vue de Mananjara Kely, qui est en feu.

La compagnie, partie hier dans la nuit, est arrivée au village à trois heures du matin et l'a cerné. Deux petits détachements sont entrés, sous les ordres d'un officier, M. Gheitz, par la seule rue du village; ils ont été reçus à coups de fusil et ont dû se défendre vigoureusement et corps à corps. Les maisons étaient occupées par des fanatiques, prêtres d'idoles, avec leurs sectaires, qui ont résisté avec acharnement.

Le village a été incendié.

Dans la mêlée, deux prêtres d'idoles ont été tués à l'intérieur du village ; un troisième a été tué dehors en se sauvant ; un quatrième est prisonnier.

L'ennemi a perdu huit hommes tués et une femme, plus deux femmes prisonnières, un prêtre d'idoles et un soldat hova déserteur.

De notre côté, nous avons perdu un caporal indigène, tué à bout portant par un fusil de petit calibre ; nous avons eu un sergent français blessé d'un coup de lance au nez et d'un coup de couteau au-dessus de l'œil ; un sergent indigène dont le bras a été traversé par une balle de petit calibre, et enfin un tirailleur qui a reçu deux coups de sabre aux doigts et deux coups de couteau aux cuisses.

Un fanatique, malgré de nombreuses blessures de baïonnette, résistait encore. M. Gheitz, pour en finir, a dû l'abattre d'un coup de revolver.'

Le village est entièrement détruit. Nous avons pris 24 bœufs, 24 moutons, quelques volailles et du grain.

23 avril. — Marché à Alakamisy, près de notre camp. Cent cinquante personnes environ s'y rendent. Les habitants ont été terrifiés par le combat de la veille. Cependant, on rassemble les habitants et on leur déclare qu'ils n'ont rien à craindre.

Beaucoup parmi eux, du reste, redoutaient plus les

fanatiques tués dans la nuit du 21 au 22 que nos soldats.

Le grand prêtre d'idoles qui était à la tête des sectaires se nommait Rainibintsoa.

Un vieux Malgache, nommé Ingahinrandroto, est parmi les prisonniers. Son fils, élève prêtre, a été tué. Ce vieillard, interrogé, nous explique que l'idole vénérée est un morceau de bois d'arbre sacré, couvert de soie rouge et attaché par un fil, au moyen duquel on lui fait exécuter des mouvements, à la stupéfaction et à l'édification des gogos, persuadés que l'idole est animée.

Les prêtres de ce culte logent tous dans des maisons en bois; la pierre et la brique ne doivent jamais abriter le dieu. Dans ces maisons se pratiquent des sortilèges. Impossible d'imaginer momeries plus ridicules et plus grossière superstition.

Cependant, les fidèles du culte des idoles sont encore nombreux. Ils sont coiffés de façon à se distinguer des autres Malgaches; leurs cheveux sont roulés en papillotes comme ceux des femmes et retenus par des épingles en corne.

Lorsque les idolâtres se rassemblent, ils amènent un bœuf au lieu du sacrifice. Cet animal est tué par le grand prêtre et dépecé avec des couteaux spéciaux pour chaque membre. On partage ensuite.

Les cornes, le dessus de la bosse, la moitié des tripes et le côté droit sont pour le grand prêtre ; le reste est abandonné aux fidèles.

Après le sacrifice du bœuf, il y a l'aspersion.

Une eau spéciale, venant du nord du pays de Manhanjara, est apportée au grand prêtre, eau préparée dans la maison en bois ; on y met du gingembre et d'autres substances ; on verse le tout dans une corne de bœuf, et l'assistance est aspergée avec cette eau, qui rend invulnérables tous ceux qui en sont arrosés. Le grand prêtre porte une chaîne en argent dont les anneaux sont bénits par lui ; les gens nobles donnent 5 francs et reçoivent un anneau bénit qu'ils pendent à leur cou par une ficelle, et se croient ainsi à l'épreuve des balles des Français. Les hommes libres, mais non nobles, donnent 2 fr. 50, et les petits, c'est-à-dire les humbles, donnent des morceaux d'argent représentant qui 1 franc, qui 4 sous, selon leur avoir.

Pour présider aux cérémonies, le grand prêtre porte un lamba en soie banale, orné de perles sur les côtés.

Dans les ruines de la maison sacrée, à Manhanjara, on a trouvé des piastres, de l'argent coupé, des anneaux bénits, des morceaux de l'idole, un costume à moitié brûlé et deux lambas.

On a aussi ramassé des armes de guerre, ainsi que la série de couteaux servant aux sacrifices et la marmite servant au grand prêtre seul. Cette marmite est en fonte et venait de Cuba.

Le grand prêtre et ses élèves ont chacun deux femmes.

Après deux sérieux interrogatoires, le vieillard arrêté est remis en liberté, ainsi qu'une femme, sa sœur, sur l'avis des Hovas qui nous accompagnent.

Puissions-nous ne pas avoir à regretter cette clémence à l'égard d'un fanatique pour lequel nous serons toujours des ennemis !

24 avril. — Départ à six heures cinquante. Nous marchons jusqu'à neuf heures dans la montagne. Au bivouac, à Masindray, le bois faisait défaut. J'ai secoué d'importance l'interprète, nommé Rasoatra, surnommé par les soldats Rasoir, et il nous a rapidement procuré, contre argent, tout le nécessaire.

25 avril. — Nous quittons Masindray à six heures quinze et arrivons à Anosy-Bé après une heure un quart de marche sur une belle route et par un beau temps. Le marché se tient à 800 mètres du camp. Un grand kabary est tenu, à la suite duquel nous remettons en liberté un jeune Hova prisonnier, sur lequel les habitants du pays donnent de bons renseignements.

26 avril. — La moitié de la colonne part en reconnaissance à Ambohimondrianariva, village perché sur une haute montagne et habité par des forgerons. J'accompagne la reconnaissance jusqu'à la Vohina, une des sources de l'Ikopa, profonde d'un mètre d'eau. Il fait froid et il pleut.

Lorsque la reconnaissance est rentrée, les hommes ont allumé de grands feux pour se sécher et se réchauffer. Ils étaient trempés jusqu'au-dessus des reins.

27 avril. — Étape en plein brouillard sur des crêtes dénudées. Il fait froid. A la descente, la pente est si raide que nous devons avancer très prudemment, en côtoyant de profonds ravins.

Nous revenons près de Manarantsoa.

Le vieillard remis en liberté trois jours plus tôt se présente à nous ; il a coupé ses cheveux et déclare qu'il ne demande qu'à reconstruire sa maison et à cultiver ses rizières ; il se confond en remerciements.

28 avril. — Belle nuit, un peu froide. A huit heures, le général et moi, nous allons, en compagnie du commissaire de la reine et de l'interprète, visiter Manarantsoa.

Pour traverser la rivière Sisaony, je grimpe sur les épaules du gouverneur. L'interprète, pendant la marche, était émerveillé de ma vigueur ; il disait qu'un officier malgache de mon âge n'en ferait pas autant. Nous rentrons au camp à dix heures et demie. La journée a été belle.

DÉTACHEMENT DE TIRAILLEURS HAOUSSAS

TIRAILLEUR HAOUSSA

29 avril. — Je quitte Manarantsoa à cinq heures et demie du matin par un clair de lune splendide. Le temps est très froid.

Route affreuse. Les hommes et les animaux enfoncent dans la vase et ne s'en tirent que difficilement. Nous arrivons à onze heures et demie à Tsylafi. Je commande la colonne. Le général, pour rentrer à Tananarive, a pris le chemin des montagnes, à l'est, avec une escorte de vingt hommes.

Je fais cantonner mes hommes dans les maisons et je m'installe sous la tente.

30 avril. — Départ à cinq heures et demie du matin. Même clair de lune que la veille, mais bientôt un brouillard épais nous enveloppe et ne se dissipe qu'à neuf heures, lorsque nous parvenons au bord de l'Ikopa. La traversée de la rivière s'effectue sans incident en cinquante minutes.

A dix heures et quart, nous étions au cantonnement, et je revoyais avec plaisir mon logement où je me reposerai et où je renoncerai pour quelque temps aux habitudes vagabondes. Tout était bien en place.

1er mai. — Il est agréable, après une longue absence, de se réveiller chez soi au milieu d'objets familiers. Décidément, je deviens casanier.

Je me rends dans la matinée, en filanzane ou voiture à quatre hommes, chez le général Oudri, qui ne sait rien de nouveau, puis au zoma, marché du vendredi, où j'achète pour dix francs de dentelles.

A la suite de notre expédition, le général Voyron nous adresse deux ordres du jour :

Ordre général n° 138.

« Le général commandant supérieur des troupes est heureux de féliciter par la voix de l'ordre :

« 1° M. le général Oudri, pour la fermeté, la modération et la sagesse avec lesquelles il a conduit les opérations contre le mouvement insurrectionnel du sud-est d'avril dernier qui, après avoir coûté la vie à Manarintsoa, à trois de nos compatriotes, menaçait de prendre assez d'extension pour inquiéter nos communications et arrêter l'expansion coloniale. Par sa fermeté, M. le général Oudri a chassé les bandes armées et a fait rentrer dans le devoir les habitants égarés;

« 2° M. le colonel Combes qui, envoyé pour prendre le commandement de la colonne du nord-est, a, par une marche audacieuse de plus de 250 kilomètres à travers un pays insurgé et coupé d'obstacles et de forêts, sauvé la ville d'Ambatondrazaka et la vie au résident de France et à plusieurs de nos compatriotes.

« Le général félicite également les troupes qui ont pris part à ces opérations pour l'entrain, l'audace et l'endurance dont elles ont fait preuve, devant un ennemi dix fois plus nombreux, insuffisamment armé il est vrai, mais fanatisé au point de devenir dangereux pour un adversaire qui aurait montré quelque timidité. »

Ordre général n° 141.

« Le général commandant supérieur des troupes est heureux d'adresser, par la voie de l'ordre, ses félicitations :

« 1° A M. le capitaine Bordeaux, commandant la 11ᵉ compagnie du régiment d'Algérie, pour avoir, dans la journée du 22 avril, après une rapide marche de nuit, fait preuve de vigueur et de coup d'œil à l'attaque du village de Mananjarakely, où tous les rebelles qui l'occupaient ont été tués ou pris ;

« 2° A M. le lieutenant Grillo, de la 7ᵉ compagnie du régiment d'Algérie, pour s'être porté sans hésitation, avec vingt-sept fusils, dans la nuit du 30 avril au 1ᵉʳ mai, au village de Majakandriana, où sept fonctionnaires hovas venaient d'être brûlés vifs et où un mouvement rebelle se prononçait, et avoir montré dans le combat qui s'ensuivit une décision prompte et une grande vigueur. »

Le régiment d'Algérie a sa belle part dans ces félicitations.

2 mai. — Je ne me lève qu'à six heures et demie. Quelle paresse ! Nouvelles du jour : Arrivée de cent hommes du 1ᵉʳ tirailleurs. On les a casernés dans la ville, à Farahouit.

Le 29 avril dernier, le lieutenant Moreau, averti, au moment de déjeuner, à Sabotsy, que des Fahavalos venaient d'envahir et de brûler un village à quinze cents mètres de là, s'est lancé à leur rencontre avec quarante hommes, les a mis en déroute, a tué deux pillards et en a blessé dix.

3 mai. — C'est dimanche. Journée monotone. Quelques officiers sont allés à la messe et y ont rencontré des camarades de l'état-major et d'autres corps. Ils rapportent des nouvelles. Le colonel Combes, récemment arrivé de France, officier ayant longtemps fait campagne au Sénégal et qui passe pour très expérimenté, prend le commandement de la colonne du nord.

La 6ᵉ compagnie du bataillon est attachée à cette colonne; elle a eu deux blessés dans une reconnaissance conduite par le lieutenant Zaigue.

La 16ᵉ batterie du 38ᵉ régiment d'artillerie rentre en France. On dit que nous partirons les derniers. Les derniers! Quand? En novembre, on nous assurait que nous quitterions Tananarive en avril, et nous sommes encore ici en mai. Chaque semaine, on recule la date du rapatriement.

Si cela continue, je finirai par demander à être embarqué; ma situation est du reste irrégulière, puisque, promu lieutenant-colonel depuis près de neuf mois, je commande toujours un simple bataillon.

4 mai. — On paraît satisfait à la résidence et au quartier général des résultats obtenus par la colonne du sud. Les populations se tiennent tranquilles.

Vu aujourd'hui plusieurs personnes. Il n'est question que des maladresses du résident qui n'a de confiance que dans les prédicants. On assure qu'il voulait faire accepter par le payeur comme monnaie les piastres coupées. C'est fort !

A quatre heures du soir, aujourd'hui, une forte secousse de tremblement de terre a mis en émoi Tananarive. Mon ordonnance se trouvait là.

— C'est, me dit-il, le chemin de fer qui passe.

Secousse du sud au nord. Elle a duré environ vingt secondes. Aucun accident.

5 mai. — Je suis allé visiter le poste de la 8ᵉ compagnie à Ambohijanary. Promenade au marché très curieux, grand bazar où l'on rencontre un peu de tout, des objets venus d'Europe échoués là, à la suite de quelles aventures !

6 mai. — Le temps redevient très beau. On apprend que M. Bourgeois, du 3ᵉ bataillon du régiment d'Algérie, a surpris des Fahavalos et en a tué douze ; de son côté, M. Grillot, des Haoussas, en a surpris une autre bande et en a tué sept.

Je reçois la visite d'officiers récemment arrivés, enchantés d'être à Madagascar et tous en bonne santé.

On annonce la chute du ministère (1). Pour quel motif ? Nous ignorons les détails.

7 mai. — Le général Voyron m'a fait appeler.

— Colonel Lentonnet, me dit-il, j'ai appris par le directeur du service de santé que vous étiez malade et que vous devriez déjà être rapatrié. Il faut aller revoir la France.

Je réponds :

— Mon général, je ne suis pas mort, je ne veux rentrer qu'avec ma troupe.

— Mon cher colonel, il y a assez longtemps que vous êtes ici. Croyez-moi. Rentrez, je ne parle que dans votre intérêt. Je vous fais cette proposition pour que vous puissiez être placé, à votre retour, au 3ᵉ tirailleurs. Et puis, le général Oudri ne nous quitte pas encore. Il n'est pas nécessaire de conserver un général et un colonel pour commander quatre compagnies.

— C'est bien, mon général, je rentrerai.

Il me semble que je deviens gênant. Je n'ai donc plus qu'à faire mes malles ; mais je ne veux pas rentrer en France comme malade, puisque je me porte bien (2).

(1) Le ministère présidé par M. Bourgeois.
(2) Le colonel Lentonnet se faisait et se fit illusion presque jusqu'au dernier jour sur son état de santé.

Le général Oudri, lui aussi, est d'avis que je parte pour Marseille par le plus prochain paquebot.

8 mai. — C'est décidé! Je quitterai Tananarive le 25. Je vais chercher acquéreur pour mon brave cheval *Sakalave,* que je ne peux ramener avec moi.

La nuit dernière, des Fahavalos ont brûlé un village à vingt-cinq kilomètres d'ici.

Deux compagnies du bataillon reçoivent l'ordre de se rendre à Tamatave, où elles s'embarqueront avec des Kabyles pour l'Algérie. Traversée par le Cap, c'est-à-dire cinquante jours de voyage.

9 mai. — Ce matin, grand rapport. Le général m'apprend que la reine l'a fait mander et l'a félicité sur les opérations de notre colonne au sud de Tananarive.

Le général trouve la reine gracieuse et bien mise, mais franchement laide.

10 mai. — J'écris mes dernières lettres à l'adresse de France, qui seront datées de Madagascar. Je n'indique pas de façon précise le jour de mon retour, afin que ma femme n'éprouve pas de déception, si ce retour est encore retardé.

11 mai. — Reçu une lettre de la colonne du nord m'apprenant que le caporal Lannes, de la 6e compagnie, a été tué dans une reconnaissance faite sous les ordres de M. Zaigue, aux abords d'une grotte dans laquelle s'étaient réfugiés des Fahavalos. Trois hommes ont été blessés, dont un grièvement.

C'est toujours la 6ᵉ compagnie qui va au feu. En 1894, elle était attaquée en Algérie à Boukanfous, en se rendant au fort Mac Mahon ; en 1895, à Tsarasaotra ; enfin elle subit encore des pertes à la colonne du nord.

12 mai. — La situation ici n'est toujours pas brillante. Il y aura encore bien des efforts à faire pour pacifier le pays.

Les résidents ne peuvent pas regagner leurs postes.

13 mai. — Le général vient à Soanerana et passe le bataillon en revue. Il remet huit médailles militaires.

Aussitôt après la revue, nous nous rendons, le général et moi, ainsi que l'adjudant-major, le capitaine Lamy et le lieutenant Grass, vers une maison dans laquelle un tirailleur, en absence illégale, s'est enfermé. Il a sur lui un revolver volé à un adjudant et deux paquets de cartouches. Il menace de tuer le premier qui se présentera.

Nous nous avançons, et le malheureux sort presque aussitôt sans difficulté et se laisse arrêter.

14 mai. — Reçu de nombreux journaux, qui datent de plusieurs mois, et des paquets divers, depuis longtemps envoyés et qui ont séjourné à Tamatave. La plupart des provisions qui nous parviennent de France sont gâtées.

Je fais le soir une partie de mon travail d'inspection.

15 mai. — Le commissaire de la reine Rainivelo-marantsoa et son interprète Rasoatra, dit Rasoir, viennent me voir et me proposent d'acheter *Sakalave*. Je le cède avec la selle pour six cent cinquante francs, et non sans émotion, car je m'étais attaché à ce bon compagnon.

16 mai. — Je remets au général Oudri mon travail d'inspection. Le général m'engage à partir au plus vite.

Je me rends de là chez le général Voyron, afin de lui déclarer que j'accepte définitivement sa proposition de départ pour le 4 juin. Il me dit : « Arrangez-vous avec mon chef d'état-major. »

Je vois donc le colonel Geil. Il est convenu que je quitterai Madagascar le 4 juin.

17 mai. — Mon départ est annoncé au rapport de la place.

Rainivelomarantsoa vient prendre livraison de *Saka-lave*.

Il me remet 650 francs, dont 150 francs en pièces de cent sous, le reste en pièces de 2 francs.

Mon pauvre *Sakalave* est parti. J'ai beaucoup recommandé à son nouveau maître de ne pas le battre et de bien le soigner.

J'espère qu'il ne sera pas malheureux. La brave bête m'a rendu bien des services.

18 mai. — Le matin, à la pêche. Je reviens à la popote avec beaucoup de poisson. L'après-midi, je me rends à l'intendance, afin qu'elle mette à ma disposition des porteurs et un filanzane pour faire la route de Tamatave. On m'assure que tout sera prêt pour le 24.

19 mai. — Déjeuner offert au général Oudri par les officiers du régiment à l'*Hôtel de France,* le meilleur hôtel de Tananarive. Nous sommes trente à table.

Le nom du général est inscrit sur deux belles pièces montées. Beau déjeuner, très bien servi.

Au dessert, je lève ma coupe de champagne et je porte le toast suivant :

« Mon général, au nom des officiers de tirailleurs, permettez-moi de vous dire que nous avons tous été très heureux de votre nomination (1), nomination si bien méritée, et qui n'est que la juste récompense du dévouement et de l'énergie que vous n'avez cessé de montrer pendant toute la campagne. Mon général, nous buvons à votre santé et à vos étoiles. »

Le général a répondu à peu près ceci :

« Mon cher camarade, messieurs, je suis on ne peut plus touché de votre réception. Je remercie le lieutenant-colonel de ses bonnes paroles, qui sont trop élo-

(1) M. Oudri, colonel du régiment d'Algérie, avait été promu général en avril 1895.

gieuses, et je lui demande, en raison de l'éloignement, de boire à la santé de Mme Lentonnet. »

Le repas est terminé à une heure.

Je termine la journée en commençant mes préparatifs de départ.

20 mai. — J'ai des comptes à rendre et des pièces à classer, afin de tout laisser en ordre parfait à mon successeur. Je travaille donc jusqu'au soir. A peine ai-je le temps de lire quelques journaux de France.

21 mai. — J'ai fait aujourd'hui une visite d'adieu au résident. Il était sorti. Je me suis rendu chez le général Voyron, qui m'a dit :

— Il nous faudrait beaucoup d'hommes comme vous. Vous êtes de ceux qui, par leur exemple, remontent le moral.

J'ai vu également le colonel Geil, les colonels Bouguier, de l'infanterie de marine, Marmier, du génie, tous deux très aimables ; le payeur, M. Béchu ; enfin le général Oudri, qui se montre charmant pour moi.

22 mai. — Promenade au marché, où la foule est toujours nombreuse.

Le commissaire hova, Rainivelomarantsoa, me remet un beau lamba en soie ; l'interprète m'offre un sabre. Je donne 10 francs à ce dernier et n'ose rien offrir au premier.

23 mai. — A huit heures, je réunis les sous-officiers,

je leur fais mes adieux et je les remercie de leurs bons et loyaux services.

A déjeuner, tous les officiers de mon bataillon sont réunis à l'*Hôtel de France*. Belle et cordiale réception.

Je fais ma dernière visite au général en chef.

24 mai. — Je quitte Soanerana à six heures et demie. Tous, officiers, sous-officiers et tirailleurs, viennent me serrer la main.

MM. Maheas, Béchard et Teil m'accompagnent jusqu'à Andraisoro, où m'attend la nouba. Je donne 10 francs aux musiciens, je serre la main à mes chers compagnons. Encore un adieu, et en route.

Le chemin a été tracé et construit par nous. Il est très beau jusqu'à Ankeramidinika, où je dois coucher et où me reçoit le lieutenant Guillot, du bataillon haoussa. Cet officier avait eu la complaisance de faire préparer une chambre et un repas. Deux officiers d'infanterie de marine de passage nous tiennent compagnie.

25 mai. — Lever à cinq heures et demie, départ à six heures et demie, après avoir serré la main au commandant Maujat, de l'infanterie de marine, arrivé dans la nuit. Temps beau. Voyage en pleine forêt, par des sentiers qui semblent inaccessibles. Les bourjanes font des prodiges d'équilibre; ils sautent de roche en roche comme des cabris.

A Sabotsy, je rencontre le commandant Noël et la relève des cadres du régiment colonial.

Déjeuner à Andrakana avec un lieutenant du train. Je passe le Mangaro en pirogue pour 30 centimes. Ce fleuve a cent mètres de large et quatre à cinq de profondeur. On y voit des caïmans. Arrivée à Maromanga.

26 mai. — Nuit affreuse. J'ai été dévoré par les moustiques, et de gros rats sont venus se promener jusque sur mon lit. L'un d'eux a même renversé mon chandelier et emporté ma bougie.

A six heures, je monte en filanzane par un temps brumeux. Nous voyageons en pleine forêt. Au delà d'Analazamantra, la route ressemble à des montagnes russes colossales. On descend aux enfers, puis on monte au ciel. Le sentier est si étroit que je dois quitter mon logis, c'est-à-dire ma chaise à porteurs, pour laisser passer des mulets. Un officier de marine, qui conduit le convoi, a perdu la moitié des animaux à lui confiés. Ils sont tombés dans des ravins.

Nous traversons des torrents. Les bourjanes sont de plus en plus merveilleux d'adresse aux endroits dangereux. C'est à donner le vertige. Je déjeune en compagnie d'officiers du génie de la relève.

Arrivée à cinq heures à Ambavaniasy.

27 mai. — Route épouvantable en forêt. On marche dans le lit des torrents, on les traverse ; on descend des montagnes à pic, on en gravit d'autres non moins à pic, et on arrive au poste de Beforona, gardé par l'infanterie de marine, et où se trouve un dépôt de vivres, sous les ordres d'un capitaine. Je repars et j'arrive à Moreva à onze heures.

Ce village est composé de quatre cases misérables. Je prépare moi-même mon déjeuner, qui se compose de lait de conserve et de pain.

Nous repartons à midi un quart.

Je rencontre en route trois Français qui me demandent si Beforona est éloigné et si le chef de poste pourra leur vendre un litre d'eau-de-vie. Je leur conseille de boire plutôt de l'eau pure, moins dangereuse que l'alcool malgache.

Quelques moments après, j'arrive à Ampasimbè, où mes bourjanes ont résolu de passer la nuit; la route a été pénible, ils ont besoin de se reposer, d'autant plus que le premier jour ils ont fait 45 kilomètres; le deuxième, 44, et enfin le troisième, 44 également. Aujourd'hui, ils n'ont parcouru que 32 kilomètres; aussi je suis arrivé à trois heures et demie au lieu de cinq heures.

Un lieutenant du génie, avec un adjudant, sont en camp volant à Ampasimbè; ils jalonnent le chemin; des Chinois viennent derrière eux et seront ici vendredi pour commencer la route vers Beforona.

Le gouverneur est venu m'apporter une poule, des œufs et des bananes ; je l'ai remercié et lui ai demandé du lait ; il n'en a pas.

Il m'a donné une case très propre, construite sur pilotis. Le terrain est ici tellement humide que, si les habitations n'étaient pas surélevées, on coucherait dans la vase.

J'ai grand besoin de repos et de sommeil.

28 mai. — Départ à six heures du matin par un beau temps. Nous traversons une forêt de rafias et de bambous. Le pays est vraiment admirable et grandiose. Nous rencontrons en chemin des Chinois portant les bagages de la mission géographique et des commissaires de la marine. J'arrive à Ranon-Mufana, dit les Eaux-Chaudes, où je déjeune.

Le pays, jusqu'à Maromby, est certainement un des plus beaux du monde. Arrivée à cinq heures, après une journée de 50 kilomètres.

Maromby est occupé par de l'artillerie de marine, qui monte vers Tananarive. Je suis logé dans une toute petite case. J'ai pour compagnon un officier d'administration.

29 mai. — Aujourd'hui, pour rompre la monotonie du voyage, je m'embarque en pirogue sur l'Imosa. Trois heures de navigation très intéressante, et on arrive à Andevourante. Là enfin, je peux acheter du lait, très cher, mais bon. Nous n'arrêtons que peu de temps. La halte principale, celle du déjeuner, se fait à Andavakamerana, où je rencontre la compagnie de tirailleurs algériens du capitaine Bourgeois, qui va s'embarquer à Tamatave.

Deux heures charmantes sont vite passées à déjeuner avec des compagnons d'armes, auxquels vient se joindre un capitaine du génie.

Je repars à deux heures pour arriver à Vavony à quatre heures et demie. Route superbe, ensablée, bien ombragée, avec la mer à droite et l'Imosa à gauche.

30 mai. — Route aussi facile que celle de la veille. Déjeuner à Ampanirana. Je rencontre un détachement de relève d'infanterie de marine et des Chinois employés aux travaux de terrassement.

Arrivée à six heures du soir à Ambodisiny; nous avons parcouru cinquante-neuf kilomètres.

31 mai. — Dès le matin, nous passons l'Ivondro en pirogue. Prix : deux francs. Il nous reste, la traversée accomplie, quelques kilomètres à franchir pour arriver à Tamatave, terme du voyage en filanzane.

J'entre dans la ville à une heure trois quarts. Je me fais conduire chez le lieutenant-colonel Belin qui commande la place, et de là à l'*Hôtel Moderne*. Pour tout mobilier dans ma chambre : un lit de paille et une chaise boiteuse.

J'ai dit adieu à mes porteurs, de rudes gaillards qui ne m'ont pas trop secoué, bien que parfois ce transport en pays accidenté m'ait donné le mal de mer. Je leur distribue un bon pourboire, et leur chef me dit : « Merci, commandeur. » Ils ont été très complaisants pendant la route ; ils sont très sensibles aux bonnes paroles, et le moindre cadeau les enchante.

Il faudra du temps avant que des communications faciles soient établies entre Tananarive et Tamatave.

Et maintenant, repos bien gagné.

1ᵉʳ juin. — J'ai rencontré ici un ancien camarade du 4ᵉ zouaves, le capitaine Delcroix. Nous causons d'autrefois. Ce matin, l'aménagement de mes bagages étant terminé, je visite la ville, assez animée, avec quelques hôtels et magasins européens. Les cases indigènes sont relativement propres et assez bien construites. Leur aspect est tout différent de celles de l'intérieur. Cependant, elles n'ont qu'un rez-de-chaussée. Elles sont en ordre ; leur groupement forme des quartiers traversés de rues régulières, et l'ensemble ne ressemble pas, comme celui de Tananarive, à un jeu de dominos brouillé au hasard.

Les commmerçants commencent à affluer et font payer fort cher les objets de première nécessité.

Les hangars de l'État regorgent de paquets envoyés

par leurs familles, de France, aux officiers et soldats du corps expéditionnaire, et qu'il est impossible d'expédier faute de moyens de transport.

Je découvre à mon adresse des boîtes diverses dont je n'ai plus que faire et qui m'auraient cependant été utiles à Tananarive.

2 juin. — Encore une journée à passer ici. La pluie tombe sans interruption, et ce temps n'invite guère à la promenade. Je fais cependant quelques dernières courses, et je revends mon filanzane, que je ne saurais où loger dans un appartement de France.

3 juin. — J'ai quitté ce matin l'*Hôtel Moderne* et je me suis embarqué à sept heures trois quarts sur le *Djemnah*. J'ai retenu une bonne cabine donnant sur le salon et je m'y suis installé. Le capitaine ordonne de lever l'ancre à dix heures, et nous voguons, par une mer assez houleuse, vers Diego-Suarez, car nous ne rentrons pas directement en France. Nous devons prendre et débarquer des passagers à Diego et à Majunga.

J'indique quel sera mon régime pendant la traversée : des œufs et riz au lait.

Tout irait bien, si je n'étais maintenant affligé d'un rhume qui me secoue nuit et jour et ne me laisse pas de repos.

4 juin. — Mauvaise nuit. Vers quatre heures, nous

sommes à Sainte-Marie, île très boisée et d'une végétation luxuriante. Nous stationnons deux heures. Quelques-uns de nos compagnons de voyage descendent à terre et reviennent assez déçus de leur excursion, du reste, trop rapide.

La mer est toujours houleuse et le vent violent.

A cinq heures, arrivée à Diego-Suarez.

5 juin. — Nous rencontrons des poissons volants et des bandes de marsouins qui s'ébattent autour du navire.

Hier, à cinq heures, nous sommes entrés dans le port de Diego, port des plus sûrs et si vaste qu'il abriterait facilement toutes les escadres du monde. La ville est assez grande, propre d'aspect et bien éclairée. On m'invite à descendre; mais je suis fatigué et préfère ne pas quitter le bord. Du pont, je vois la plage, et nous sommes si près de terre que je suis les allées et venues, le mouvement des promeneurs, des soldats, des travailleurs.

Mon existence est tout à fait paisible. Je reste seul. La plupart des officiers sont allés coucher à terre et voir des camarades.

On compte quelques femmes sur le *Djemnah*, la plupart Anglaises.

6 juin. — Nous avons quitté Diego hier à quatre heures, par une mer mauvaise. Nous arrivons au petit jour à Nossi-Bé, jolie petite île, en face de laquelle se trouve Nossi-Comba, où avait été établi un sanatorium au début de la campagne en 1895. Nous faisons le tour de l'île de Madagascar par le nord.

L'aspect de Nossi-Bé est des plus riants, et, me trouvant mieux, je débarque. Une avenue de manguiers superbes conduit à des casernements actuellement vides et aux principaux bâtiments. Les maisons indigènes sont nombreuses. Les femmes de Nossi-Bé, négresses assez jolies, portent colliers et bracelets entassés, superposés, et se montrent couvertes d'étoffes très voyantes et en soie ; elles ont comme particularité une pièce de cinq francs en or passée dans l'aile gauche du nez et collée sur cette aile ; celles qui n'ont pas de pièce de cinq francs en or y mettent un morceau d'argent coupé. En revenant, j'ai acheté une pirogue malgache pour la somme de trois cents francs : c'est peut-être un peu cher, mais elle est grande et originale. Quelques personnes viennent à bord. Moi, je ne cesse d'admirer le paysage et la rade ; tous deux sont merveilleux. À deux heures, nous partons ; tout le monde est content, mais il fait trop chaud ; en marche, nous aurons de l'air.

7 juin. — Après une nuit assez bonne et par une mer calme, nous arrivons à Majunga à huit heures du matin. Je reçois à bord la visite du chef de bataillon, major de la garnison, puis celle du lieutenant-colonel Gonard, commandant d'armes, tous deux très prévenants.

Je descends à terre et je visite avec curiosité cette ville où nous débarquions l'an dernier et qui commence à se transformer. Je dois déclarer tout d'abord qu'elle est plus propre. On y a construit de nouveaux bâtiments, mais je n'ai guère le temps ni la force de me promener, et je rentre à bord.

Tous les officiers de la garnison et le capitaine de vaisseau, commandant la marine, sont venus nous serrer la main.

8 juin. — Nous arrivons vers neuf heures du matin à Mayotte. Un orage formidable gronde et déchaîne des torrents de pluie. Personne ne descend à terre.

9 juin. — La mer est mauvaise. Le bateau, peu chargé, roule beaucoup, et la plupart des passagers souffrent cruellement du mal de mer.

Nous marchons à raison de quatorze nœuds à l'heure. Après dîner, je monte sur le pont ; je bois un verre de marsala dans un grand verre d'eau. La soirée est chaude.

10 juin. — Nous sommes à Zanzibar à sept heures trois quarts. Deux navires anglais et un navire italien sont au mouillage. A peine notre bateau a-t-il pris la bouée qu'une escadre de pirogues nous entoure, qu'une nuée de marchands se précipitent à bord et viennent nous offrir des bijoux, de la soie, des éventails, de l'ivoire, des cuivres, des bronzes, des objets en corne.

Je me laisse tenter et j'achète une griffe de tigre avec saphirs et rubis ; prix : cinquante francs.

Je reste à bord jusqu'à une heure et demie, après avoir contemplé le panorama splendide de la côte, et je me décide à débarquer et à visiter la ville. Cette visite n'a pas duré moins de trois heures, et je ne me sens pas trop fatigué. J'ai vu le palais du Sultan, très bien construit, entouré de maisons anglaises confortables.

Les rues de Zanzibar ressemblent à toutes les rues arabes, hautes et étroites. On y rencontre, à chaque pas, des bazars encombrés de bibelots plus ou moins précieux, d'armes et de curiosités. J'ai voulu acheter un sabre ; mais comme le marchand m'en demandait quatre-vingts francs, et qu'il en valait bien dix, je l'ai laissé à celui qui espérait me duper. Je me suis donc contenté de rapporter à bord divers bijoux du pays et de petits éléphants en ivoire.

En revenant vers le port, j'entre, pour prendre une limonade, dans un café tenu par une Marseillaise. Ba gasse ! elle n'a pas perdu l'accent !

A cinq heures et demie, j'étais rembarqué. Ce soir, sur le pont, coup d'œil féerique. Le palais du Sultan et ses jardins étaient éclairés brillamment à la lumière électrique. On entendait une musique lointaine : celle du bey donnant un concert à Sa Majesté.

11 juin. — Beaucoup de bruit, une partie de la

nuit. Le navire a embarqué du charbon. A quatre heures du matin, les marins lavent le pont à grande eau. A six heures, le *Djemnah* lève l'ancre. Nous n'arrêterons plus nulle part avant six jours.

Nous sommes en route pour Aden.

.   .   .   .

.   .   .   .

Ici s'arrête le journal du lieutenant-colonel Lentonnet. Dans une lettre en date du même jour, 11 juin, lettre inachevée, trouvée dans les papiers qu'il a laissés et qui furent remis à sa veuve, le colonel, se défendant encore d'être malade, déclarait qu'il ne voulait pas être considéré comme un rapatrié convalescent.

« Je suis bien installé, écrivait-il, à bord du *Djemnah*, et en fort bonne compagnie. J'ai la meilleure cabine du bord, je suis content d'avoir quitté l'île de Madagascar et de ne plus entendre les racontars de popote. Je commençais à en avoir assez : toujours sur le qui-vive pour rien... »

Le brave défenseur de Tsarasaotra, le vaillant soldat qui tant de fois avait bravé la mort, ne devait plus jamais revoir la patrie bien-aimée ni les êtres qui lui étaient si chers. Après avoir longtemps résisté, grâce à une constitution exceptionnellement robuste, aux fatigues et aux privations de la campagne, et à la fièvre guettant les organismes anémiés, le lieutenant-colonel Lentonnet, bien qu'il se défendît, comme on l'a vu, dans ses notes et correspondances, d'être atteint par le mal, bien qu'il voulût se faire illusion à lui-même, avait fini par dépérir et par souffrir beaucoup d'accès paludéens.

Lorsque ses chefs le décidèrent non sans peine à rentrer en France, sans attendre le rapatriement de son bataillon qu'il espérait ramener en Algérie, le lieutenant-colonel, qui, malgré l'avis du général Voyron, avait suivi les opérations de la colonne envoyée en avril 1896 contre les insurgés, au sud-ouest de Tananarive, était épuisé. Il ne se soutenait qu'à force d'énergie. Peut-être cependant, cette énergie aidant, aurait-il supporté le voyage, si une bronchite capillaire suivie de congestion ne l'avait emporté le 17 juin.

L'acte de décès du « médecin convoyeur » Dr Lorin porte : « décédé le 17 juin à midi et demi par suite d'anémie paludéenne endémique et bronchite capillaire ».

La mort du colonel impressionna douloureusement tous les passagers du *Djemnah*, qui estimaient et aimaient déjà ce brave homme, leur compagnon de quelques jours.

La cérémonie funèbre à bord du navire fut des plus émouvantes. L'abbé Rey, prêtre missionnaire, récita les dernières prières, en présence des officiers et autres voyageurs réunis à bord du *Djemnah*. Un détachement en armes de soldats et de marins convalescents rendit les honneurs militaires. Le lieutenant de vaisseau Gantès prononça quelques mâles paroles d'adieu (1).

(1) Des colonels et lieutenants-colonels qui prirent part à la meurtrière expédition de Madagascar, quatre sont morts pendant ou après la campagne.

Le premier fut le colonel Gillon, du 200ᵉ de ligne, décédé à Majunga, quelques semaines après le débarquement. Le colonel Gillon était né en 1840, sous-lieutenant en 1860, lieutenant pendant la guerre contre l'Allemagne, blessé à l'armée de Metz, capitaine en 1871, chef de bataillon en 1878, lieutenant-colonel en 1888, colonel en 1891.

Le second, le lieutenant-colonel Barre, né en 1848, sous-lieutenant en 1868, lieutenant en 1870, puis breveté d'état-major comme capitaine ; chef de bataillon au régiment étranger et à ce titre commandant à Madagascar l'un des bataillons du régiment d'Algérie,

Comme la terre la plus proche était encore très éloignée, le corps du défunt dut être immergé. Le navire stoppa, les pavillons furent mis en berne, et, au signal du maître d'équipage, le cercueil disparut dans les flots.....

H. GALLI.

promu lieutenant-colonel au 200ᵉ après la prise de Mévatane, décédé à Majunga.

Le troisième, le lieutenant-colonel Lentonnet, mort en mer.

Le quatrième, le colonel de Lorme, du régiment colonial, décédé peu après son retour en France. Le colonel de Lorme, d'une vieille famille militaire, était un vaillant soldat, engagé volontaire en 1870, ayant combattu en France contre les Allemands, puis au Tonkin, à Formose, en Annam, âgé de quarante-trois ans à peine, lorsqu'il fut promu colonel; il était l'un des plus jeunes chefs de corps de notre armée.

DOCUMENTS

LE RÉGIMENT D'ALGÉRIE

Le régiment d'Algérie était formé de trois bataillons, dont un de la légion étrangère ; les deux autres de tirailleurs algériens. Voici quelle était la composition de ce corps au moment de l'entrée en campagne :

État-major du régiment. — Colonel-commandant, M. Oudri (1), du 2ᵉ étranger ; lieutenant-colonel, M. Pognard (2), du 2ᵉ tirailleurs algériens ; capitaine adjoint au chef de corps, M. Boë, capitaine au 2ᵉ étranger ; porte-drapeau, M. Vigarosy, lieutenant au 1ᵉʳ tirailleurs.

1ᵉʳ BATAILLON.

État-major. — Chef de bataillon, M. Barre (3), du

(1) Colonel Oudri, né en 1843. Sous-lieutenant en 1862, lieutenant, puis capitaine en 1870, a pris part à la guerre contre l'Allemagne. Longtemps attaché aux affaires indigènes en Algérie. Nommé général en 1896.

(2) Lieutenant-colonel Pognard, entré au service en 1866, lieutenant en 1870, appartient depuis longtemps à l'armée d'Afrique. Promu colonel au 2ᵉ tirailleurs algériens en 1896. Commanda depuis une colonne opérant vers le Touat.

(3) Commandant Barre, officier très distingué, sorti de Saint-

1er étranger; adjudant-major, M. Devaux, capitaine du 1er étranger; officier payeur, M. Beynet, lieutenant au titre étranger au 1er étranger; officier d'approvisionnement, M. Ecochard, lieutenant au 1er étranger.

1re compagnie. — MM. Perrot, capitaine; Ayné, lieutenant; Rouanet, lieutenant au titre étranger; Mure, lieutenant. Tous du 1er régiment.

2e compagnie. — MM. Courtois, capitaine; Gueilhers, lieutenant; Grégory, lieutenant; Dufoulon, sous-lieutenant. Tous du 1er étranger.

3e compagnie. — MM. Bulot, capitaine; Farail, lieutenant; Burchard, lieutenant; Langlois, sous-lieutenant. Tous du 2e étranger.

4e compagnie. — MM. Sardi, capitaine au titre étranger; Simon, lieutenant; Motte, lieutenant; Jolivét, lieutenant au titre étranger. Tous du 2e étranger.

Médecins. — MM. Debrie et Mautat.

2e BATAILLON.

État-major. — Chef de bataillon, M. Lentonnet; capitaine adjudant-major, M. Mahéas; officier payeur, M. Tiel, lieutenant; officier d'approvisionnement, M. Brémond. Tous du 1er tirailleurs algériens.

5e compagnie. — MM. Pradal, capitaine; Bordeaux,

Cyr en 1868, lieutenant en 1870, breveté d'état-major, promu lieutenant-colonel au 200e en 1895, mort peu après à Majunga.

lieutenant ; Grass, lieutenant ; Mohamed ben Tilali, lieutenant indigène ; Amar ben Saïd, sous-lieutenant indigène. Tous du 1er tirailleurs.

6e compagnie. — MM. Castel, capitaine ; Prud'homme, lieutenant ; Augey-Dufresse, sous-lieutenant ; Amar ben Saïd, sous-lieutenant indigène du 1er tirailleurs.

7e compagnie. — MM. Pillat, capitaine ; Blondel, lieutenant ; de Bigault de Granrut, lieutenant ; Bel Kheir ben Ammour, lieutenant indigène ; El Arbi bel Aïdouni, sous-lieutenant indigène. Tous du 2e tirailleurs.

8e compagnie. — MM. Girault, capitaine ; Chalet, lieutenant ; Djellah, lieutenant indigène ; Zaigue, sous-lieutenant ; M'Ahmed ben Medjadi, sous-lieutenant indigène. Tous du 2e tirailleurs.

Médecins. — MM. Béchard et Thooris.

3e BATAILLON.

État-major. — Chef de bataillon, M. Debrou (1) ; capitaine adjudant-major, M. Servant ; officier payeur, M. Bonvalot, lieutenant ; officier d'approvisionnement, M. Bourgeois, lieutenant. Tous du 3e tirailleurs.

9e compagnie. — MM. Gatel, capitaine ; Catin, lieu-

(1) Sorti du rang. Sous-lieutenant en 1870. Nommé officier de la Légion d'honneur à la suite de la campagne de Madagascar.

tenant ; Entmann ben Abdallah, lieutenant indigène ; Jeanpierre, sous-lieutenant ; Larbi ben Amar, sous-lieutenant indigène. Tous du 3⁰ tirailleurs.

10⁰ compagnie. — MM. Rabaud, capitaine ; Gerat, lieutenant ; Béringer, lieutenant ; Abdallah ben Boudjemah, lieutenant indigène ; Mohamed ben Ali, sous-lieutenant indigène. Tous du 3⁰ tirailleurs.

11⁰ compagnie. — MM. Delbousquet, capitaine ; Bobin, lieutenant ; Royer, lieutenant ; Benmansour, lieutenant ; Mohamed ou Amar, sous-lieutenant indigène. Tous du 3⁰ tirailleurs.

12⁰ compagnie. — MM. Vernadet, capitaine ; de Gouvello, lieutenant ; Mezakchi, lieutenant indigène ; Meurisse, sous-lieutenant ; Belkerfa, sous-lieutenant. Tous du 3⁰ tirailleurs.

Médecins. — MM. Delahousse et Darricarère.

Le régiment d'Algérie a pris part à tous les combats de la campagne de Madagascar, de mars à octobre 1895, et depuis à de nombreuses actions de guerre dans les expéditions dirigées contre les populations insurgées.

Les soldats du régiment d'Algérie sont donc ceux, parmi les combattants de Madagascar, desquels le livret porte le plus grand nombre d'inscriptions de faits de guerre.

Au livret des hommes du 1ᵉʳ bataillon, légion étrangère : 9 juin, prise de Mevatane ; 21-22 août, prise d'Andriba ; 15 septembre, combat de Tsinainandry ; 26-30 septembre, opérations autour de Tananarive et prise de Tananarive.

Au livret des hommes du 2ᵉ bataillon : les mêmes inscriptions avec, en outre, les suivantes : 29-30 juin, combats de Tsarasaotra et de Berizoka.

Au livret des hommes du 3ᵉ bataillon : 27 mars, prise du fort de Mahabo ; 30 mars-4 avril, combats au nord de Marovoay ; 2 mai, prise de Marovoay ; enfin Mevatane, Andriba, Tsinainandry et Tananarive.

Le régiment d'Algérie, reconstitué à Madagascar en août 1896, a reçu, outre deux bataillons de tirailleurs, un nouveau détachement de la légion étrangère.

M. Oudri, colonel du régiment d'Algérie, a été promu général.

Le lieutenant-colonel, M. Pognard, est maintenant colonel.

Les trois chefs de bataillon du régiment d'Algérie obtinrent de l'avancement au cours de la campagne : le commandant Barre, nommé lieutenant-colonel du 200ᵉ de ligne ; le commandant Lentonnet, nommé lieutenant-colonel et maintenu provisoirement au corps ; le commandant Debrou, nommé officier de la Légion d'honneur (31 ans de service, 9 campagnes, chevalier du 7 juillet 1884).

Nommés chefs de bataillon : le capitaine Rabaud,

des tirailleurs, qui avait dirigé l'une des premières reconnaissances opérées dans la direction de Marovoay,
en pleine saison des pluies (ce vaillant soldat fut peu
après promu chevalier de la Légion d'honneur); les
capitaines Boë et Brundsaur, de la légion; le capitaine
Delbousquet, des tirailleurs;

Nommés capitaines : les lieutenants Prud'homme,
Moreau, Venot, Gerst, Bourgeois;

Proposés : les lieutenants Ayné, Gueilhers, Bobin,
Blondel, Mangin; le lieutenant Jolivet, servant à la
légion au titre étranger, est promu au même grade au
titre français.

Nommés chevaliers de la Légion d'honneur :

Pradal, capitaine, 21 ans de service, 2 campagnes;

Les capitaines Vigarozy et Reibell;

Zaigue, lieutenant, 4 ans de service, 3 campagnes,
1 blessure;

Bonvalot, lieutenant, 13 ans de service, 7 campagnes;

Grass, lieutenant, 11 ans de service, 11 campagnes, etc., etc.

Tous ces officiers ont été promus au cours de la
campagne.

Un certain nombre de sous-officiers et de soldats
reçurent la médaille militaire.

LES COMBATS DE TSARASAOTRA
ET DE BERIZOKA

(Extrait du rapport du général Duchesne, commandant en chef du corps expéditionnaire.)

Le 18 juin, un détachement (1) placé sous les ordres du commandant Lentonnet fut dirigé sur Tsarasaotra (25 kilomètres au sud de Suberbieville), en vue de chasser de ce village l'arrière-garde que, d'après les renseignements recueillis, l'ennemi y avait laissée, et de protéger les reconnaissances et les travaux de route. Ce détachement, en arrivant, le 19 juin, à Tsarasaotra, le trouva évacué. Le commandant Lentonnet n'y conserva qu'une compagnie, l'artillerie et la cavalerie, et fit rétrograder immédiatement sur Behanana les 5e et

(1) Ce détachement se composait, sous les ordres du commandant Lentonnet, du 2e bataillon du régiment d'Algérie, moins une compagnie laissée à Suberbieville, d'une section de la 16e batterie de montagne et d'un peloton de chasseurs d'Afrique. Le capitaine Aubé, du service des renseignements, et le capitaine Pons, de l'état-major du génie, chargés spécialement de la reconnaissance technique de la route, furent adjoints au commandant Lentonnet.

7ᵉ compagnies, de façon à mieux assurer sa liaison avec Suberbieville.

Toutes les autres troupes de la 1ʳᵉ brigade, moins le 200ᵉ, encore retenu autour de Marovoay, à cause de la difficulté du ravitaillement de l'avant-garde, restèrent échelonnées entre Marololo et Suberbieville, pour procéder à l'ouverture de la route. Le général commandant en chef avait également réuni, à la date du 17 juin, le personnel de son quartier général à Suberbieville, où il devait temporairement stationner et où fut aussi établie, dans quatre ou cinq des baraques de l'établissement Suberbie, l'ambulance active nº 1, seule formation sanitaire qui eût, jusque-là, pu suivre l'avant-garde.

C'est de Suberbieville, dans les premières semaines qui suivirent l'installation du quartier général, que furent successivement notifiées à tous les corps et services du corps expéditionnaire les dispositions à prévoir en vue :

1º De la constitution des postes de la ligne d'étapes et de l'organisation du commandement sur les territoires situés dans la zone de l'arrière ;

2º De l'organisation des convois de ravitaillement, soit par terre, soit par eau, entre Majunga et Suberbieville ;

3º Enfin, de la concentration, entre Marololo, Suberbieville et au delà de ce point, des troupes du corps expéditionnaire pour la construction de la route carrossable et la reprise de la marche en avant sur Tananarive.

Ces prescriptions étaient en cours d'exécution quand les Hovas se décidèrent, le 29 juin, à prendre l'offensive contre notre poste avancé de Tsarasaotra.

Une reconnaissance poussée le 24 juin sur le mont Berizoka (à 11 kilomètres de Tsarasaotra) n'avait pas rencontré le moindre poste ennemi, dont le gros. d'après les renseignements recueillis, occupait les environs d'Ampasiry. Néanmoins, le 28, vers neuf heures du soir, le petit poste de tirailleurs algériens qui gardait, sur la face est, le camp de Tsarasaotra, se vit brusquement menacé par un groupe assez nombreux : ce petit poste, après avoir riposté vivement, battit lentement en retraite derrière un pli de terrain pour ne pas être cerné. Une patrouille envoyée à son secours vint bientôt rendre compte que l'ennemi s'était replié ; vers dix heures et demie du soir, en effet, au coucher de la lune, tout rentra dans le silence.

Le 29, au moment où le jour, dont l'arrivée est toujours brusque en pays tropical, commençait à peine à naître (vers cinq heures trois quarts du matin), plusieurs centaines de Hovas, débouchant en colonnes profondes d'un sentier qui longe l'Ikopa, vinrent se glisser dans un ravin escarpé qui s'étend au sud du petit plateau de Tsarasaotra (1), escaladèrent les pentes du versant droit de ce ravin et ouvrirent inopinément, à la distance de 300 ou 400 mètres, un feu très vif sur le camp, en même temps qu'ils cherchaient à l'envelopper par l'ouest.

La 6ᵉ compagnie du régiment d'Algérie, que venaient de prévenir les sentinelles et les petits postes, se déploya immédiatement, trois sections face au sud, une section en réserve.

La section d'artillerie se mit également en batterie, face au sud, et tira à mitraille sur les Hovas ; le peloton de cavalerie (lieutenant Corhumel) fut affecté à la garde de la droite du camp, face à l'Ikopa.

Devant ces dispositions, rapidement prises par le commandant Lentonnet, l'attaque parut se ralentir. Mais, vers six heures un quart, une autre colonne hova, descendant du Berizoka, déboucha à son tour sur les pentes inférieures d'un mamelon, cote 320, qu'occupait un poste détaché, et chercha à l'envelopper.

Afin de faire échouer cette manœuvre et de mettre fin à une fusillade sur place qui menaçait de se prolon-

---

(1) Tsarasaotra, dont l'altitude est de 270 mètres environ, occupe, à petite distance de la rivière, un mamelon isolé, dominé seulement du côté de l'est par une série de hauteurs qui atteignent rapidement la cote 320, puis la cote 500.

ger et avait déjà causé des pertes assez sensibles (1),
le commandant Lentonnet n'hésita pas à donner l'ordre
à la section de réserve de pousser, sous le commandement du capitaine Aubé, une contre-attaque à la
baïonnette sur le sentier du Berizoka. En même temps,
la section du sous-lieutenant indigène Kacy exécutait,
vers le sud, du côté de l'Ikopa, une autre contre-attaque.
Il était alors environ sept heures et demie du matin.

La dernière de ces contre-attaques eut un succès
immédiat et complet ; l'ennemi attaqué à la baïonnette
se replia en toute hâte vers l'est, en laissant trente cadavres sur le terrain. Durant ce temps, le capitaine
Aubé conduisait la première contre-attaque avec la plus
grande vigueur. Cet officier et sa troupe s'élancèrent
au pas gymnastique contre l'ennemi, le mirent en fuite
et, remontant derrière lui les pentes qui dominent
Tsarasaotra à l'est (à 1,800 mètres du camp), les cou-
ronnèrent immédiatement. A huit heures et demie du
matin, le poste de Tsarasaotra se trouvait, en fait,
complètement dégagé.

Mais alors, une troisième colonne ennemie, avec de
l'artillerie, fut signalée descendant du mont Berizoka
et marchant contre la section du capitaine Aubé. Le

(1) Les débuts du combat nous avaient coûté un officier (lieutenant Augey-Dufresse) et un caporal tués ; un sergent, quatre tirailleurs algériens et un artilleur blessés.

commandant Lentonnet renforça successivement cette section de deux autres demi-sections et des deux pièces de la section d'artillerie; mais les munitions d'infanterie commençant à manquer, il ne fut pas possible de donner aux feux de salve toute l'intensité désirable.

A ce moment (vers neuf heures quarante-cinq), arrivaient de Behanana, sous les ordres du capitaine Pillot, la 7ᵉ compagnie et un peloton de la 5ᵉ compagnie du régiment d'Algérie, que cet officier, averti par le bruit du canon, avait, sans attendre l'ordre de rallier son chef de bataillon (qu'il reçut peu après), rassemblés pour les diriger sur Tsarasaotra. L'entrée en ligne de cette troupe fraîche, aussitôt envoyée vers l'est, à l'appui du capitaine Aubé, suffit à faire reculer les lignes avancées de l'ennemi jusqu'aux sources de la Nandrojia (à 4 kilomètres environ du mamelon coté 320). Le gros du corps hova, qui se replia en même temps, parut alors dresser son camp sur le plateau boisé qui couronne le mont Berizoka. Il était midi et demi. La 7ᵉ compagnie fut établie en grand'garde à la cote 320; le reste des troupes rentra à Tsarasaotra.

Dans les différentes actions de cette journée du 29 juin, l'ennemi avait subi des pertes sérieuses (1); il

____

(1) Deux cents hommes, au moins, tués, blessés ou disparus, d'après le récit des prisonniers.

n'en demeurait pas moins à peu près sur ses positions et pouvait se targuer d'un demi-succès.

Pendant que cette action se déroulait, le général Metzinger, qui venait d'arriver à Behanana, en reconnaissance personnelle, avait reçu le premier compte rendu du commandant Lentonnet; il l'avait immédiatement transmis au général en chef, qui le reçut, à Suberbieville, à dix heures vingt du matin. Le 40ᵉ bataillon de chasseurs venait de rentrer à son camp, pour la soupe, après avoir terminé, sur la route, le travail de construction du matin. Le général commandant en chef, qui ne disposait sur place d'aucune autre troupe d'infanterie, lui prescrivit, ainsi qu'aux deux dernières sections de la 16ᵉ batterie, de se diriger immédiatement sur Tsarasaotra.

A midi et demi, par une chaleur de 32°, le bataillon, à l'effectif de trois compagnies (la 4ᵉ compagnie restant à la garde de Mavetanana), se mit en route, suivi par la 16ᵉ batterie. Après une grande halte de deux heures, faite à la tombée du jour, à Behanana, le bataillon arriva à onze heures du soir à Tsarasaotra, où l'artillerie, à laquelle le général Metzinger s'était joint à son passage à Behanana, l'avait précédé d'environ une heure.

Mis au courant de la situation, cet officier général résolut, malgré la fatigue de la troupe, d'attaquer l'ennemi dès le lendemain matin, sans attendre l'arrivée de nouveaux renforts (1).

Le 30, à six heures du matin, une colonne composée de : un peloton de la 5ᵉ compagnie et un peloton de la 8ᵉ compagnie du régiment d'Algérie, l'état-major et trois compagnies du 40ᵉ bataillon de chasseurs et deux sections de la 16ᵉ batterie, sortit de Tsarasaotra sous

(1) Cette résolution, très judicieuse et très militaire, qui fait honneur au général Metzinger, s'inspirait des considérations suivantes : ou l'ennemi, son coup manqué, allait se retirer, et il fallait hâter le mouvement, si on voulait l'atteindre ; ou il comptait s'installer sur le Berizoka, et il importait de ne pas lui laisser le temps de se retrancher sur cette position, déjà naturellement très forte. Dans l'un comme dans l'autre cas, il convenait d'agir vite. Il paraissait, en outre, avantageux de prouver aux Hovas que nous ne nous laissions pas surprendre, et que toute attaque de leur part était suivie d'une riposte immédiate et vigoureuse.

D'après les renseignements fournis par les prisonniers, les troupes malgaches étaient commandées par Rainianzalahy, 14ᵉ honneur, récemment appelé au commandement en chef, mais qui gardait comme lieutenants Ramazombazaha et Rafarlahibohana. Descendues en grande partie du plateau central, ces troupes s'étaient concentrées, le 24 juin, à Malatsy, avec quatre canons à tir rapide. Leur effectif était d'environ cinq mille hommes. La colonne entière s'était réunie le 28 à Antanimbarindratsotsoraka : à la nuit tombante, douze cents hommes étaient partis pour bivouaquer, les uns, sur les bords de l'Ipoka, les autres, sur le plateau qui domine Tsarasaotra. C'est ce dernier groupe dont un parti avancé s'était heurté à nos avant-postes, le 28 au soir. L'objectif des Hovas était de s'emparer du camp de Tsarasaotra, qu'ils croyaient à peine gardé, et de marcher contre Mavetanana-Suberbieville, de façon à envelopper notre avant-garde, en utilisant, à cet effet, le bord de l'Ikopa, la route directe et la haute vallée de la Nandrojia.

les ordres directs du général Metzinger. Le camp restait gardé par la 6ᵉ compagnie du régiment d'Algérie et par une section d'artillerie ; le peloton de chasseurs d'Afrique assurait les communications entre la colonne, Tsarasaotra et Suberbieville.

A six heures quarante, la colonne atteignit la cote 320, où la 7ᵉ compagnie du régiment d'Algérie, en grand'garde depuis la veille, se joignit au mouvement en prenant la gauche, comme soutien de l'artillerie et réserve générale. A sept heures vingt, la colonne atteignait le pied d'une pente abrupte, couverte de buissons, à travers lesquels elle dut aménager un sentier muletier pour le passage de l'artillerie. Durant ce temps, sous la protection de l'avant-garde, le général Metzinger procédait à la reconnaissance des positions ennemies.

Le gros du rassemblement hova en avant de Berizoka sembla alors se retirer vers les crêtes. Les deux pelotons des 5ᵉ et 8ᵉ compagnies de tirailleurs algériens reçurent l'ordre de poursuivre leur marche, de franchir la Nandrojia un peu en aval de sa source, puis de s'élever sur la croupe qui borde la rive droite du torrent et d'y attendre, en halte gardée, l'arrivée de l'artillerie et du bataillon de chasseurs.

A huit heures quinze retentirent les premiers coups de fusil, tirés par quelques éclaireurs hovas, au moment où cette avant-garde passa la Nandrojia. Les deux pelotons n'en gagnèrent pas moins la position qui leur avait été indiquée et sur laquelle ils furent bientôt rejoints par le 40e bataillon de chasseurs, dont le commandant (lieutenant-colonel Massiet du Biest) prit la direction de la ligne de combat.

Celle-ci comprenait les deux pelotons de tirailleurs et une compagnie de chasseurs formant la première ligne, les deux autres compagnies de chasseurs suivant en réserve. L'artillerie, retardée par les difficultés du terrain, n'avait pu encore rejoindre.

A huit heures cinquante, l'artillerie hova ouvrit le feu, à bonne portée, sur notre première ligne, qui continua de s'avancer sans riposter. De toutes les crêtes, de tous les rochers, derrière lesquels s'abritait l'ennemi, partit alors une fusillade nourrie qui nous causa quelques pertes, mais ne ralentit pas davantage la marche.

Pendant ce temps, notre artillerie arrivait enfin, sous la protection de la 7e compagnie, prenait position et ouvrait le feu, à 2,500 mètres, sur l'artillerie hova, qu'elle ne tarda pas à réduire au silence. Les tirailleurs et les chasseurs, continuant leur marche, arrivaient alors à 200 mètres des tirailleurs ennemis ; ils s'arrêtèrent, fournirent quelques feux de salve qui déterminèrent un mouvement de recul accentué et, reprenant la marche, à neuf heures trente, s'élancèrent, la baïonnette au canon, vers la crête du plateau.

A la sonnerie de la charge, ils abordèrent très crânement les Hovas et les jetèrent vivement en arrière. Ceux-ci essayèrent bien de résister à gauche et tentèrent même, de ce côté, un retour offensif ; mais, après un court corps-à-corps, dans lequel le lieutenant Grass, du régiment d'Algérie, tua un de leurs chefs d'un coup de revolver, ils s'enfuirent de toutes parts en descendant les pentes sud de la montagne, poursuivis par des feux de salve qui activèrent leur déroute et leur firent encore éprouver des pertes sensibles.

Vers dix heures, une des deux sections d'artillerie, parvenue à son tour et grâce à d'énormes efforts sur le plateau, achevait la poursuite en tirant sur la colonne ennemie, qui s'était, tant bien que mal, reformée au fond de la vallée, fort étroite en cet endroit, et défilait, compacte, à la distance de 2,500 à 3,000 mètres.

A dix heures vingt, le feu avait entièrement cessé. L'ennemi laissait entre nos mains, dans deux camps qu'il avait dû abandonner, quatre cent cinquante tentes, le drapeau du commandant en chef, deux canons Hotchkiss complets, deux autres affûts de canons Hotchkiss, beaucoup de munitions d'artillerie, des fusils, toute la correspondance du commandement, une assez grande quantité de riz et des approvisionnements de diverses sortes (1).

Tels furent les combats des 29 et 30 juin, dans lesquels nos troupes montrèrent, à la fois, beaucoup d'esprit de discipline, de fermeté au feu, d'entrain et d'endurance. Notre succès dans ces deux combats fut très important, moins en raison des pertes numériques, cependant très sensibles, de l'ennemi et des résultats immédiats obtenus par nous, que parce qu'il désorganisa, pour un temps assez long, les moyens de défense rapprochée de nos adversaires et les rejeta jusque vers la plaine d'Andriba, à plus de 80 kilomètres dans le sud de Suberbieville (2).

(1) Ses pertes en tués et blessés ont dû être considérables : elles n'ont pu être évaluées, même approximativement.

De notre côté, nous eûmes un officier blessé (lieutenant Audierne), un officier contusionné (capitaine de Bouvier), tous deux du 40ᵉ bataillon de chasseurs, et huit hommes de troupe blessés, tant des chasseurs à pied que des tirailleurs.

(2) A la suite des combats des 29 et 30 juin, le général commandant en chef cita à l'ordre du corps expéditionnaire : MM. le commandant Lentonnet, le lieutenant Grass, les sergents Chéreau, Moktar ben Daïf et Brochet, les caporaux Redersdorf et Mohamed M'hamed, du régiment d'Algérie ; le capitaine Delanney, du 40ᵉ bataillon de chasseurs ; le lieutenant Corhumel, le maréchal des logis Millet, le brigadier Clavère, du 10ᵉ escadron de chasseurs.

LA JOURNÉE DE TSARASAOTRA

Lettre d'un officier du régiment d'Algérie.

« Tsarasaotra, 5 juillet 1895.

« Quand vous recevrez cette lettre, les journaux vous auront déjà fait connaître nos exploits. Voici, quant à moi, ce que *j'ai vu*.

« Depuis huit jours, nous étions aux avant-postes, avec une compagnie de tirailleurs, capitaine Castel, une section d'artillerie de deux pièces de canon et un peloton de 20 chasseurs d'Afrique. Nous passions notre temps à faire des reconnaissances et à ramasser dans la campagne le paddy ou riz en herbe, à installer notre camp un peu confortablement, puisque le séjour se prolongeait, enfin à travailler à la route qui n'avançait guère. Les journées, en dépit de ces occupations, du reste, peu variées, semblaient longues.

« En arrière de nous, deux compagnies, celles des capitaines Pillat et Pradal, étaient détachées à Behanana, à deux heures de cheval environ par un mauvais chemin.

Notre chef, le commandant Lentonnet, allait fréquemment les visiter et rentrait à Tsarasaotra.

« Toutes les mesures de sûreté en avant du camp étaient prises et bien prises ; en cas d'alerte, chacun connaissait son poste de combat. Nous avions, du reste, toute confiance, nous et nos hommes, en ce brave commandant Lentonnet, qui n'en est plus depuis longtemps à sa première campagne.

« Le 28 au soir, vers neuf heures, il était rentré au logis et il révisait les notes des élèves caporaux d'une des compagnies du bataillon, lorsque des coups de feu de plus en plus nombreux éclatèrent aux avant-postes.

« Le commandant, les officiers sortirent aussitôt ; la troupe se réunit derrière les faisceaux.

« Après une courte fusillade, tout rentra dans l'ordre.

« Le lendemain matin, à cinq heures, debout ; le commandant était allé visiter un petit poste avancé, lorsque, tout à coup, apparurent au loin des Hovas ; il revint au galop de son cheval *Sakalave*, une courageuse bête qui résiste bien depuis le début de la campagne, et cria le premier : « Aux armes ! »

« L'ennemi s'avançait, nous apercevions distinctement ses tirailleurs. En quelques instants, infanterie, cavalerie, artillerie étaient à leurs postes. Déjà les balles sifflaient dans le camp. L'ennemi s'arrêtait à environ 400 mètres de nous.

« La compagnie se tenait rassemblée et dirigea sur les Hovas des feux de salve. A six heures un quart, les tirailleurs ennemis apparaissaient, en nombre considérable, sur notre flanc gauche.

« Les deux pièces d'artillerie, qui tiraient au sud à 1,000 mètres sur des groupes hovas toujours nouveaux surgissant à l'horizon, durent pourvoir alors au plus pressé, en mitraillant les assaillants de gauche.

« Le petit poste, incapable de tenir plus longtemps contre des forces cent fois supérieures, venait de se retirer. Les Hovas gagnaient du terrain ; ils cherchaient évidemment à nous envelopper. Le commandant Lentonnet suivait toutes les phases de l'action. Déjà, notre camarade Augey-Dufresse était tombé mortellement blessé ; un caporal était tué, cinq tirailleurs et un artilleur avaient été atteints par les balles malgaches.

« Il était urgent d'aviser.

« Le commandant disposait de 180 à 200 hommes, tous combattants ; il réunit 30 hommes avec un sergent énergique et leur fit mettre baïonnette au canon. Le capitaine Aubé, de l'infanterie de marine, attaché à l'état-major du général en chef, et qui nous avait suivis à Tsarasaotra comme officier du service des renseignements, prit sur sa demande le commandement de ce détachement. Deux clairons sonnèrent la charge, et nos turcos se ruèrent sur l'ennemi de gauche.

« Un autre détachement de 25 hommes, sous les ordres d'un sous-lieutenant indigène, se porta en avant du front de notre position et chargea vigoureusement.

« En quelques instants, nous fûmes dégagés. Les Hovas s'enfuyaient comme des lapins.

« A huit heures, nous étions les maîtres du terrain.

« A neuf heures et demie, arrivée de la compagnie laissée en arrière à Behanana.

« Feux de salve et obus dissipent les derniers groupes hovas tenant encore.

« Le reste de la journée est tranquille.

« Le soir, arrivée du général Metzinger avec des renforts : 40° bataillon de chasseurs et une batterie d'artillerie du 38°. Ils viennent, en toute hâte, de Suberbieville : sérieuse étape !

« Tout le monde est debout ; notre commandant offre le thé au général Metzinger : on cause un peu de l'affaire de la journée ; il paraît que, le lendemain, nous n'attendrons pas l'ennemi ; nous irons au camp même de *Ramasse-ton-Bazar*, comme disent nos troupiers, lui rendre sa visite.

« — Il est tard. Reposons-nous, dit le général, afin d'être frais demain matin. Nous nous mettrons en route à six heures.

« Avant le réveil du camp, nous sommes sur pied ; le café est bientôt prêt. Nous rencontrons le général Metzinger sortant d'une case qui avait été promptement aménagée pour lui la veille au soir. Les chasseurs du 40ᵉ bataillon prennent les armes. Ils ont bonne mine et fière allure. Nous les avons déjà vus à l'œuvre à Mevatane. En route ! on sait ce que cela signifie à Madagascar, où les routes n'existent pas ; mais aucun obstacle ne nous arrête. A huit heures et demie, éclatent les premiers coups de feu, puis la fusillade nourrie ; les canons sont restés embourbés en arrière : ils ne sont en batterie qu'après neuf heures.

« En face de nous, une montagne assez élevée, sur laquelle sont retranchés les Hovas. Notre artillerie la couvre d'obus et de mitraille et prépare l'attaque. Enfin, les chasseurs et deux compagnies et demie de tirailleurs donnent l'assaut à la baïonnette, la bonne vieille arme de France. Les Hovas la redoutent plus encore que nos projectiles. Aussi s'empressent-ils de tourner le dos, abandonnant munitions, armes, provisions. C'est une débâcle inouïe.

« Chasseurs et turcos mènent la danse avec un entrain du diable. Parmi nos tirailleurs, un seul homme atteint, un brave soldat, le caporal Camisard de la 5ᵉ compagnie, blessé d'un coup de feu au pied.

« Nos soldats opèrent dans le camp ennemi une fructueuse razzia. Enfin, grâce aux Hovas qui ont eu le bon esprit de nous abandonner leurs provisions, nous avons du savon, des chandelles, du papier, de l'encre et des plumes.

« Les Hovas comptaient évidemment s'en servir pour annoncer leur victoire et notre défaite à Tananarive ; or, tout ce papier est maintenant en route pour la France, où il porte de nos nouvelles aux parents et aux amis.

« Nous comptons renouveler encore plusieurs fois de la même façon nos provisions avant d'arriver à Tananarive.

« Les soldats du bataillon se portent bien ; il n'est pas de meilleur régime pour le soldat que celui du combat, que celui du mouvement, de la marche en avant. La fièvre de la bataille chasse l'autre.

« En résumé, nous aurions tort de nous poser en héros, nous n'avons fait que notre devoir ; au point de vue militaire, nos batailles n'ont pas une grande importance ; mais le résultat de ces petites affaires n'en est pas moins d'un effet excellent. Les combats du 29 et du 30 ont relevé le moral de tous.

« Nous pensons que les bons Français seront contents de nous ; ils sauront que, si nous supportons les marches pénibles et les rudes fatigues, nous sommes aussi toujours prêts à nous battre et à verser notre sang pour la patrie. »

TABLEAU DE SITUATION DE LA COLONNE LÉGÈRE.

GROUPES.	ÉLÉMENTS.	OFFICIERS	COMBAT-TANTS.	CONDUC-TEURS, auxiliaires.	CHEVAUX.	MULETS.	OBSERVATIONS.
1° Avant-garde.							
Groupe du général Metzinger.	Quartier général.........	18	37	33	40	33	(1) Le régiment mixte commandé par le colonel du 13ᵉ d'infanterie de marine comprenait le 1ᵉʳ bataillon de ce régiment, le bataillon malgache et un bataillon formé de deux compagnies du 3ᵉ bataillon du 13ᵉ et deux compagnies de Haoussas.
	État-major de brigade....	4	10	3	8	6	
	Régiment d'Algérie.......	54	1.416	20	27	111	
	Peloton de cavalerie......	1	9	1	11	2	
	Artillerie (2 batteries).....	10	98	83	10	134	
	Génie (2 compagnies).....	6	164	29	6	60	
	Ambulance...............	3	9	20	3	14	
	Convoi..................	5	20	127	11	254	
	Total.....................	107	1.763	316	116	614	
2° Gros.							
Groupe du général Voyron.	État-major de brigade....	4	7	6	8	6	(2) Ce régiment constituant la réserve et commandé par le colonel du régiment colonial, comprenait le 3ᵉ bataillon du 200ᵉ et un bataillon formé de deux compagnies du 3ᵉ bataillon du 13ᵉ d'infanterie de marine et de deux compagnies de Haoussas.
	Régiment mixte (1).......	54	1.318	35	27	113	
	Peloton de cavalerie......	1	12	1	14	2	
	Batterie d'artillerie.......	3	46	29	3	49	
	Ambulance...............	6	14	26	6	18	
	Convoi général..........	24	67	873	58	1.546	
	Total.....................	92	1.464	970	116	1.734	
3° Réserve.							
Groupe du colonel de Lorme.	Régiment de marche et son convoi (2).............	44	786	229	34	461	
	Total général de la colonne légère.....	237	4.013	1.515	266	2.809	

TABLEAU OFFICIEL

DES PERTES SUBIES PENDANT LA CAMPAGNE DE MADAGASCAR PAR LE CORPS EXPÉDITIONNAIRE.

DÉSIGNATION des corps ou services.	DÉCÉDÉS.			DISPARUS	TOTAL.
	Mada-gascar.	En mer.	Rapa-triés.		
Troupes de la guerre.					
Officiers ou assimilés.....	29	4	2	»	35
200ᵉ régiment d'infanterie.	789	118	82	29	1.018
40ᵉ bataillon de chasseurs.	430	48	27	1	506
Régiment d'Algérie......	492	35	26	38	591
Chasseurs d'Afrique	28	6	5	»	39
38ᵉ régiment d'artillerie ..	298	28	20	5	351
Ouvriers d'artillerie......	14	4	8	»	26
Artificiers	5	»	8	»	5
Compagnie du génie.....	309	50	25	3	387
30ᵉ escadron du train des équipages militaires....	203	31	14	2	250
Secrétaire d'état-major...	2	1	»	»	3
30ᵉ section de commis et ouvriers militaires d'administration..........	67	18	6	1	92
30ᵉ section d'infanterie ...	92	6	5	1	104
Gendarmerie.	9	1	»	»	10
Total.....	2.767	350	228	80	3.417
Troupes de la marine.					
EUROPÉENS.					
13ᵉ régiment d'infanterie de marine	509	35	25	8	577
2ᵉ régiment d'artillerie de marine...............	134	8	5	1	148
Équipages de la flotte ...	41	4	2	»	47
Total.....	684	47	32	9	772
CORPS ET TROUPES NON EUROPÉENS.					
Régiment colonial.......	287	10	10	2	309
Convoyeurs kabyles et autres	806	147	85	»	1.038
Conducteurs indigènes ...	56	»	»	»	56
Total.....	1.149	157	95	2	1.403
Total général.....	4.600	554	348	91	5.592

ÉTATS DE SERVICE

DU LIEUTENANT-COLONEL LENTONNET.

LENTONNET (Jean-Louis), fils de Joseph et de Geneviève-Ursule Herbet, né le 4 octobre 1840, à Paris (Seine), marié le 7 juillet 1877 à demoiselle Marthe-Charlotte-Amande Bocquillon (autorisation ministérielle du 14 juin 1877).

Détail des services.

Enfant de troupe au 3ᵉ régiment d'infanterie de ligne, le 27 mars 1852.

A contracté un engagement volontaire le 3 juillet 1858.

Caporal, le 8 décembre 1859.

Sergent, le 5 juillet 1861.

Sergent-fourrier, le 11 septembre 1862.

Sergent, le 30 juillet 1863.

Sergent-major, le 15 janvier 1864.

Adjudant, le 9 janvier 1869.

Sous-lieutenant au 13ᵉ régiment d'infanterie, le 28 janvier 1870.

Sous-lieutenant porte-drapeau, le 24 juillet 1870.

Lieutenant, le 24 août 1870.

Prisonnier de guerre, le 29 octobre 1870.

Rentrée de captivité, le 31 mars 1871.

·Passé au 113ᵉ régiment d'infanterie, le 6 mai 1871.

Passé au 4ᵉ zouaves, le 3 juillet 1872.

Capitaine au régiment étranger, le 2 mai 1874.

Maintenu au 4ᵉ régiment de zouaves, le 8 juin 1874.

Major du 3ᵉ régiment de zouaves, le 27 octobre 1888.

Chef de bataillon au 1ᵉʳ régiment de tirailleurs, le 9 avril 1892.

Passé au régiment d'Algérie, le 15 mars 1895.

Lieutenant-colonel, le 11 juillet 1895.

Décédé en mer, le 17 juin 1896.

Campagnes.

Du 1ᵉʳ avril 1859 au 26 juin 1859 : Algérie.

Du 27 juin 1859 au 26 juillet 1859 : Italie.

Du 27 juillet 1859 au 27 juillet 1864 : Algérie.

1870-71 : contre l'Allemagne.

1871 : à l'intérieur.

Du 23 juillet 1872 au 22 avril 1881 : Algérie.

Du 23 avril au 18 juin 1881 : Tunisie.

Du 19 juin au 11 juillet 1881 : Algérie.

Du 12 juillet 1881 au 6 juin 1882 : insurrection algérienne.

Du 7 juin 1882 au 9 novembre 1888 : Tunisie.

Du 10 novembre 1888 au 28 mars 1895 : Algérie.

Du 29 mars 1895 au 17 juin 1896 : Madagascar.

Blessures.

Deux coups de feu, l'un à la jambe gauche, l'autre à l'avant-bras gauche, le 18 août 1870, à la bataille de Saint-Privat.

Citations.

Cité à l'ordre du jour de l'armée du Rhin pour les journées des 14, 16 et 18 août 1870.

Cité à l'ordre général n° 48 du corps expéditionnaire de Madagascar pour l'intelligente énergie avec laquelle il a défendu le poste confié à son commandement dans le combat du 29 juin 1895, à Tsarasaotra.

Décorations.

Chevalier de la Légion d'honneur, le 11 janvier 1876.

Officier, le 11 juillet 1891.

Médaille d'Italie, 1859.

Médaille coloniale avec agrafes : Algérie, Tunisie, 1895.

Médaille de Madagascar, 1896.

Commandeur du Nicham-Iftikar, 1890.

ACTE DE DÉCÈS.

Nous soussigné, Lorin (Henri), médecin de 2e classe de la marine, médecin convoyeur à bord du paquebot des Messageries maritimes *Djemnah*, déclarons que Monsieur Lentonnet (Jean-Louis), lieutenant-colonel au régiment d'Algérie, rapatrié de Tananarive et embarqué sur ledit paquebot à destination de France, est décédé le dix-sept juin mil huit cent quatre-vingt-seize, à midi et demi, par suite d'anémie paludéenne endémique et bronchite capillaire.

A bord du *Djemnah*, le 17 juin 1896.

Le médecin convoyeur,

Signé : LORIN.

Vu pour la légalisation :

Le commandant du Djemnah,

Signé : FONTANA.

TABLE DES MATIÈRES

Préface.. I
Biographie... XI

CHAPITRE PREMIER
D'ORLÉANSVILLE A MAJUNGA.

Formation du régiment d'Algérie. — Préparatifs de départ. — Embarquement à Alger. — Le *Cachemire*. — La vie à bord. — Port-Saïd. — Le canal de Suez. — La mer Rouge. — Périm. — Incidents de traversée. — En vue de Majunga............. I

CHAPITRE II
MAROVOAY.

Le débarquement à Majunga. — Première étape. — La route. — Miadana. — Fatigues et privations. — L'attaque de Marovoay. — Les incendiaires. — Reconnaissances. — Terribles moustiques. — Combat d'Ambodimonto. — Préparatifs de départ........ 23

CHAPITRE III
MEVATANE. — SUBERBIEVILLE.

Passage du Marovoay. — Marolambo. — Trabonjy. — Chaleur accablante. — Passage du Kamoro. — En forêt. — Camp de

Marokati. — Travaux de route. — Les fiévreux. — Maudites voitures Lefebvre ! — Réquisitions et corvées. — Passage de la Betsiboka. — Combat du 6 juin. — Un prisonnier hova. — Prise de Mevatane. — Suberbieville...................... 45

CHAPITRE IV

TSARASAOTRA.

Aux avant-postes. — Behanana. — Installation à Tsarasaotra. — Reconnaissance du terrain. — Les corvées de route. — Alerte dans la soirée du 28 juin. — Le combat du 29. — A la baïonnette. — Retraite des Hovas. — Arrivée du général Metzinger et du 40ᵉ bataillon de chasseurs. — Combat de Beritzoka. — Les morts et les blessés. — Cérémonie funèbre. — La vie au camp. — Le 14 juillet......................... 71

CHAPITRE V

ANDRIBA.

Comment on fait la route. — Pénibles corvées. — Nommé lieutenant-colonel. — Départ du camp de Beritzoka. — Recrudescence de maladies. — Une visite du général en chef. — Camp de Marokeloy. — Camp de la Cascade. — Devant Andriba. — Combat d'artillerie. — Les Hovas évacuent leurs positions. — Le 200ᵉ. — Toujours les terrassements. — La colonne légère......................... 97

CHAPITRE VI

TANANARIVE.

Ordre de marche. — Journée du 15 septembre. — En avant-garde. — Un écriteau hova. — Combat des monts Ambohimena. — Babay. — Combat du 26 septembre. — En vue de Tananarive. — La ville sainte Ambohimanga. — La journée du 30 septembre. — Prise de l'Observatoire. — Le bombardement. — Colonne d'assaut. — Entrée dans la ville. — Les premières semaines de l'occupation. — La fête du Bain. — Bruits de complots. — La

Noël et le 1er janvier. — La vie à Tananarive. — Départ du général Duchesne. — Une revue passée par le général Voyron en présence de la reine........................... 131

CHAPITRE VII
L'INSURRECTION. — LE DÉPART.

Troubles autour de Tananarive. — Formation de deux colonnes. — Chez le général Voyron. — En route. — Marches pénibles. — Manhanjara. — Combat de nuit. — Les prêtres et le culte des idoles. — Retour à Tananarive. — Rapatriement décidé. — De Tananarive à Tamatave. — Embarquement. — A bord du *Djemnah*........................... 173

Documents........................... 215

PARIS

TYPOGRAPHIE DE E. PLON, NOURRIT ET Cie

Rue Garancière, 8.